Dans la même collection :

Le Dico des Indiens
Le Dico des Gallo-Romains
Le Dico des chevaux

Graphisme : Elisabeth Ferté

Connectez-vous sur : www.lamartiniere.fr

Daniel Royo

Le Dico
des
chevaliers

Illustrations
Jean-Michel Arroyo

De la Martinière
Jeunesse

PETIT GUIDE D'UTILISATION

ENTRÉE
classée par ordre
alphabétique

**PETIT TEXTE
D'INTRODUCTION**
permettant de mettre
en avant certaines
informations
(définition, étymologie...)

Perceval est un cœur pur et un honnête chevalier : il part lui aussi à la recherche du **GRAAL**. Hélas, ses écarts de conduite (c'est un coureur de jupons, toujours après les demoiselles !) ne lui permettent pas, lorsqu'il se trouve en présence du Graal, de le voir dans son entier et de tomber en extase comme **GALAAD**.

Les exploits de Perceval sont presque aussi fameux que ceux du célèbre **LANCELOT DU LAC**. Son histoire est racontée par Chrétien de Troyes, un grand auteur du Moyen Âge, dans un roman inachevé (*Perceval ou le Conte du Graal*, 1181), dont le cinéaste Éric Rohmer a tiré le film *Perceval le Gallois*.

C'est un élément décoratif, parfois un véritable bijou. Il peut être en or, contenir des pierres précieuses ou même des reliques de saints (voir **DURANDAL**).

POMMEAU

Tête arrondie de l'**ÉPÉE**.

Le pommeau termine l'épée au-dessus de la garde, permettant à la main de ne pas glisser lorsqu'elle donne un coup. Sa forme rappelle une pomme, d'où son nom. Pourtant, il n'est pas toujours sphérique et prend souvent la forme d'un losange.

PONT-LEVIS

Pont mobile

Avec le **DONJON**, le pont-levis est l'un des puissants symboles du **CHÂTEAU FORT**. Il en interdit l'accès et garantit la sécurité des habitants. Le pont-levis est formé d'un tablier de bois mobile, très

100

Une dizaine de
doubles-pages
thématiques
se présentant
de la manière
suivante :

**UNE GRANDE IMAGE PRÉTEXTE
À DE NOMBREUSES LÉGENDES
FLÉCHÉES**

baisser **PONT-LEVIS**. Pour faciliter les allées et venues, on construit de petites portes dans le mur d'**ENCEINTE** : les poternes.
Faciles à barricader en cas de **SIÈGE**, elles permettent d'entrer et de sortir discrètement de la forteresse.
C'est aussi le lieu des rendez-vous galants. Le chevalier rejoint sa belle à la poterne pour lui chanter un poème d'amour.

> « Je me perfectionne
> et m'affine sans cesse,
> car je sers et honore
> la plus belle,
> j'ose le prétendre,
> qui soit parmi les dames. »
> Arnaud Daniel

lourd, actionné par deux poutres formant un système de contre-poids. Relevé, il joue le rôle d'une porte ; abaissé, il s'appuie sur deux piles et permet le passage au-dessus de la **DOUVE** (le fossé).

POTERNE

Porte dérobée.

Sortir d'un **CHÂTEAU FORT** n'est pas simple : il faut ouvrir le lourd portail, lever **HERSES** (grilles) et

PREUX

Dans la légende **CHEVALERESQUE**, le terme « preux » désigne les meilleurs **CHEVALIERS**, les plus braves et les plus vaillants.
LANCELOT DU LAC est un preux chevalier car rien ne l'arrête. Il part au combat sans peur et sans arrière-pensées de profit ou de haine. Seuls commandent son **HONNEUR** et son devoir. Le preux

101

MOTS EN GRAS
qui servent de renvois
à d'autres mots
expliqués dans l'ouvrage

**TÉMOIGNAGES
OU CITATIONS
DE PERSONNAGES
CÉLÈBRES**
pour illustrer de manière
vivante la définition

L'AMOUR COURTOIS
(miniature du XVe siècle)

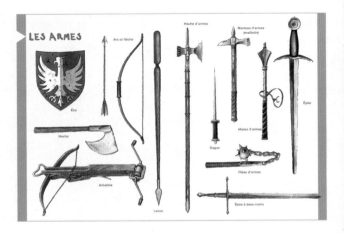

LES ARMES

UN GRAND VISUEL CHOISI
POUR SA QUALITÉ
DE DOCUMENT HISTORIQUE

UNE PLANCHE ENCYCLOPÉDIQUE
POUR COMPARER
PLUSIEURS ÉLÉMENTS

LES CHEVALIERS DE LA TABLE RONDE

Les chevaliers de la Table ronde contemplent le Saint-Graal (XVᵉ siècle).

ACCOLADE

Coup du plat de l'ÉPÉE sur l'épaule.

Longtemps, le geste qui préside à l'ADOUBEMENT du chevalier est la COLLÉE. Mais, peu à peu, cette claque sur la nuque est remplacée par l'accolade, coup du plat de l'épée que l'adoubé reçoit sur l'épaule ou sur le cou. Cette façon de faire a frappé les esprits, à tel point qu'on la voit pratiquée dans bon nombre de films consacrés à la chevalerie.
D'autres films montrent l'épée se poser successivement sur la tête et les épaules du futur chevalier, évoquant ainsi le signe de croix. Mais ce geste est historiquement inexact.

ADOUBEMENT

Cérémonie par laquelle l'ÉCUYER devient chevalier.

L'adoubement est l'aboutissement d'un apprentissage débuté dès l'enfance. Au XIIᵉ siècle, en France et en Angleterre, les choses se passent très souvent ainsi.

Jusqu'à l'âge de sept ans, le jeune garçon reste parmi les femmes de sa famille. Les deux ou trois années suivantes, son père l'initie progressivement à la chasse et à l'équitation. Il s'habitue ainsi à la vie rude des hommes de ce temps.
Vers dix ans, parfois plus tôt, parfois plus tard, il entre au service d'un SEIGNEUR dont il sera successivement le valet, le PAGE et l'ÉCUYER. C'est aux alentours de sa dix-huitième année qu'il

sera adoubé, lors d'une cérémonie qui commence la veille de la consécration.

En ce jour de fête, le jeune homme est accueilli dans la demeure de son **PARRAIN**. Il consacre cette journée à se recueillir, à méditer et à prier. Il jeûne et doit prendre un bain purificateur sous l'œil d'un prêtre ou d'écuyers aguerris. L'adoubement étant devenu un sacrement organisé par l'Église, le cœur et le corps du futur chevalier doivent être purs de toute tache. Un barbier lui coupe alors les cheveux et le rase.

Le matin de la cérémonie, habillé de blanc, symbole de pureté, le jeune homme assiste à une messe et communie. Il revêt ensuite ses habits de chevalier. Son **ÉPÉE** est aspergée d'eau bénite. L'ayant essuyée sur sa manche, il la rengaine et prête serment sur la Bible de ne l'utiliser que pour servir Dieu et protéger les faibles. Il jure enfin fidélité à son roi et à son **SUZERAIN**. Le temps fort de l'adoubement est constitué par la **COLLÉE** donnée par l'adoubant sur la nuque du jeune homme agenouillé qui, par ce geste, est fait chevalier. Une grande fête avec **FESTIN** et **TOURNOI** clôt la cérémonie.

Au début du Moyen Âge, les chevaliers reçoivent leur distinction sur le champ de bataille. Le guerrier valeureux, noble ou **ROTURIER**, est adoubé par un chevalier plus aguerri. Mais, à mesure que le temps passe, l'Église donne à l'événement une dimension divine et l'on ne choisit plus les chevaliers que dans la noblesse.

ALLÉGEANCE

Le système féodal (voir **FÉODALITÉ**) est fondé sur les liens qui unissent le **VASSAL** et le **SUZERAIN**. Si ce dernier doit aide et protection à son vassal, celui-ci est tenu à une obéissance totale. Pour cela, il prête serment d'allégeance. On dit qu'il devient l'homme lige du suzerain.

Lors de la cérémonie d'allégeance, le vassal rend hommage à son **SEIGNEUR**. Il s'agenouille devant lui, sans arme et tête nue, met ses mains dans les siennes et déclare qu'il est désormais « son homme » (d'où le terme « hommage »). Il promet de lui être dévoué, fidèle et obéissant. Ce moment est suivi de celui de l'« aveu » qui est la déclaration écrite constatant l'engagement du vassal envers son suzerain. La cérémonie se termine par un baiser donné sur la bouche.

AMOUR COURTOIS

On dit aussi *Fin'amor*,
qui signifie « amour parfait »
en occitan.

Dans la tradition de l'amour courtois, le chevalier et sa dame ont une relation fondée sur l'amour et le respect. La *Fin'amor* met en scène des passions magnifiques mais généralement impossibles : la dame, toujours présente dans la pensée de son chevalier, est souvent mariée ou promise à un autre, vieux et laid la plupart du temps. Le chevalier et sa dame devront supporter l'éloignement et l'impossibilité d'être ensemble. Leurs sentiments prennent toute la place, et leur relation restera chaste (ils n'auront pas de rapports sexuels). Le moindre regard échangé incendiera le cœur des amoureux, le moindre départ les

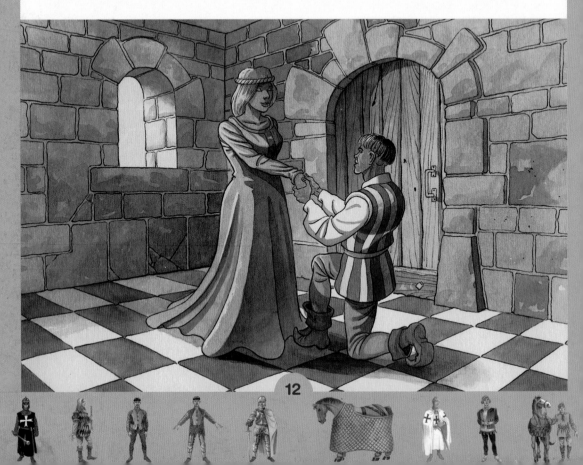

plongera dans le désespoir le plus profond. Ce sentiment, chanté par les **TROUBADOURS**, mêlé de bonheur et de souffrance, s'appelle la « joy ». L'amour courtois donne naissance à un genre littéraire nouveau, le roman (parce que écrit en langue romane et non plus en latin). L'art du roman courtois nous a légué des œuvres magnifiques comme *Tristan et Iseult* ou *Le chevalier à la charrette* (livre contant les amours de **LANCELOT** et **GUENIÈVRE**).

ARBALÈTE

Arc en acier, monté sur un axe en bois.

L'arbalète a des origines très anciennes, mais elle n'apparaît sur les champs de bataille du Moyen Âge qu'autour du Xe siècle.
La légende veut en effet que les Phéniciens (qui vécurent au IIe millénaire av. J.-C.) en soient les inventeurs. Plus tard, les Romains, puis les Grecs, fabriquent de très puissantes arbalètes connues sous le nom de balistes, lourds engins peu maniables.
L'arbalète du Moyen Âge peut être utilisée par un homme seul. C'est une grande nouveauté. Elle

est très meurtrière et peut percer le plus solide **HAUBERT** (cotte de mailles) à cent cinquante pas. L'esprit **CHEVALERESQUE** est choqué par l'arbalète, qui donne la mort à distance. Pour le chevalier, c'est l'arme d'un lâche, l'arme de celui qui a peur d'affronter son adversaire à l'**ÉPÉE**, c'est l'arme du diable. Lors de son apparition, son utilisation est interdite dans les combats entre chrétiens. C'est pourtant un carreau d'arbalète (une courte flèche) qui terrasse **RICHARD CŒUR DE LION** en 1199.

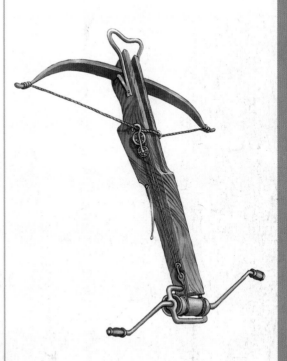

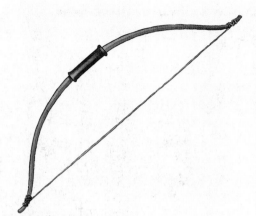

ARC

Arme de tir d'origine anglaise.

L'arc de combat ou grand arc apparaît au XIIe siècle. C'est une arme de 1,50 m environ, faite pour le combat à pied. L'arc est constitué d'une corde en nerf de bœuf tendue sur une verge de bois ou de métal.
Arme de guerre très importante pendant l'Antiquité, son utilisation cesse durant des siècles. Ce sont probablement les Anglais qui songent les premiers à la réutiliser. Au début du Moyen Âge, l'arc est un instrument de chasse et les chevaliers répugnent à s'en servir au combat. Ils considèrent que l'arc, au même titre que l'**ARBALÈTE**, est indigne du chevalier car il permet d'éliminer un adversaire à distance, sans l'affronter d'homme à homme, de manière digne et noble.

ARCHÈRE

Ouverture pratiquée dans une fortification permettant le tir avec un arc.

La défense du château nécessite de pouvoir tirer sur les assaillants sans risquer d'être atteint par une flèche. C'est pourquoi on pratique dans les murailles et dans les tours du château d'étroites ouvertures verticales permettant

le tir à l'arc, d'où leur nom. On désigne ces archères (ou archières) par le terme plus général de **MEURTRIÈRES**.

ARMOIRIES

C'est l'ensemble des éléments qui constituent le **BLASON** du chevalier, ce qui permet de l'identifier.

Les armoiries comprennent six éléments : l'**ÉCU** (ou bouclier) ; le **HEAUME** (casque) ; le **CIMIER**, qui décore le haut du casque et représente le plus souvent un animal ; le lambrequin, petite cape de tissu portée par-dessus le casque ; la torque, petite corde de soie dorée ou argentée enroulée autour du heaume ; la devise, petite phrase ou proverbe qui donne un renseignement sur la famille ou le caractère du chevalier. Par exemple, la devise de Louis XIV sera « *Nec pluribus impar* », qui signifie qu'il se pensait au-dessus de tout et de tous. Avec le temps, les armoiries deviennent de plus en plus complexes, car le blason est héréditaire. Le chevalier conserve celui de son père, avec quelques signes distinctifs, et y mêle souvent des éléments appartenant aux armoiries de sa mère. Les armoiries deviennent donc, pour les spécialistes de l'**HÉRALDIQUE**, un moyen d'étudier la généalogie des familles nobles. Plus tard, les armoiries sont attribuées aux villes, aux communautés religieuses, aux provinces, aux États, puis à certaines corporations (associations d'artisans ou de commerçants). Les armoiries, comme une carte de visite, permettent de savoir à qui on a affaire.

ARMURE

(VOIR L'ARMURE DU CHEVALIER pp. 18-19)

Ensemble des armes défensives qui protègent le corps. L'armure se compose de trois éléments : le HEAUME (ou casque) qui protège la tête, le BOUCLIER mobile (ou ÉCU) qui pare les coups, et le HAUBERT, vêtement renforcé qui protège le torse et les membres.

Très vite, les hommes ont compris que la victoire sourit surtout à ceux qui savent se défendre. Déjà dans l'Antiquité, les Égyptiens, les Grecs et les Romains vont au combat protégés par des vêtements rembourrés, en cuir épais, bardés de petites pièces métalliques. Tombée dans l'oubli, l'armure ne fait sa réapparition qu'à l'époque de Charlemagne. Elle disparaît totalement au xvie siècle avec l'apparition des armes à feu, contre lesquelles elle est totalement inefficace.

L'armure change et se perfectionne avec le temps. Aux xiie et xiiie siècles, le HAUBERT apparaît, formé de mailles de fer entrelacées. On l'appelle aussi COTTE DE MAILLES. Au xiiie siècle, des GANTELETS et des chausses de mailles protégeant mains et pieds complètent l'équipement, ainsi que le SURCOT, tunique se portant par-dessus le haubert.

Au cours des xive et xve siècles, les armuriers apprennent à placer des pièces en métal dans les armures, jusqu'à obtenir des armures entièrement métalliques. C'est l'« armure de plates », qui peut peser jusqu'à 50 kg durant les TOURNOIS. Ce costume de métal, également appelé HARNOIS blanc, symbolise le chevalier dans l'imagerie populaire. L'armure de guerre, elle, est plus légère pour permettre le combat à pied. Le CHEVAL de combat est, lui aussi, protégé. Son corps est revêtu d'un CAPARAÇON, sa tête d'un chanfrein.

ARTHUR (ROI)
(~ 470 - ~ 540)

Roi légendaire de Bretagne dont la vie a fait l'objet de nombreux récits. Arthur incarne l'image du roi idéal.

La véritable histoire d'Arthur, chef de bande breton, est bien moins intéressante que la légende à

Le jour des funérailles, sur le parvis de la cathédrale où Uter est inhumé, une ÉPÉE est plantée dans un rocher et une enclume. Celui qui parviendra à l'arracher sera roi. Beaucoup de nobles tentent l'épreuve, mais c'est un jeune garçon qui parvient à dégager l'épée... Arthur !

Les premières années du règne d'Arthur sont marquées par la révolte des barons qui refusent de reconnaître son autorité, mais ils finissent par se rallier à lui. Une paix durable s'instaure alors et Arthur en profite pour épouser GUENIÈVRE, secrètement amoureuse de LANCELOT, le plus fidèle chevalier d'Arthur.

Arthur apprend l'histoire d'amour de son épouse et de Lancelot. Bafoué et trahi par les deux êtres qu'il aime le plus au monde, Arthur ordonne que l'on tue Lancelot et que Guenièvre soit brûlée vive. Il poursuit alors son rival, venu sauver la reine le jour de l'exécution, jusqu'en Bretagne, FIEF de Lancelot, où une gigantesque bataille se déroule, opposant les chevaliers de la Table ronde entre eux. C'est la bataille de Camlann, au cours de laquelle le roi Arthur transperce de sa lance MORDRET, son fils caché.

laquelle elle a donné naissance et dont voici une version.

Fils du roi Uter PenDragon et de la duchesse Ygerne de Cornouailles, le jeune Arthur est rapidement enlevé à ses parents. C'est MERLIN L'ENCHANTEUR, un mage aux pouvoirs extraordinaires, qui garde l'enfant auprès de lui. Pendant toute sa jeunesse, Arthur sera tenu dans l'ignorance de ses origines : Merlin lui cache qu'il est l'enfant d'un roi.

Quand Uter meurt, il n'a pas de fils et des problèmes de succession se posent : qui sera le nouveau roi ? La magie de Merlin va résoudre la question.

L'ARMURE
DU CHEVALIER

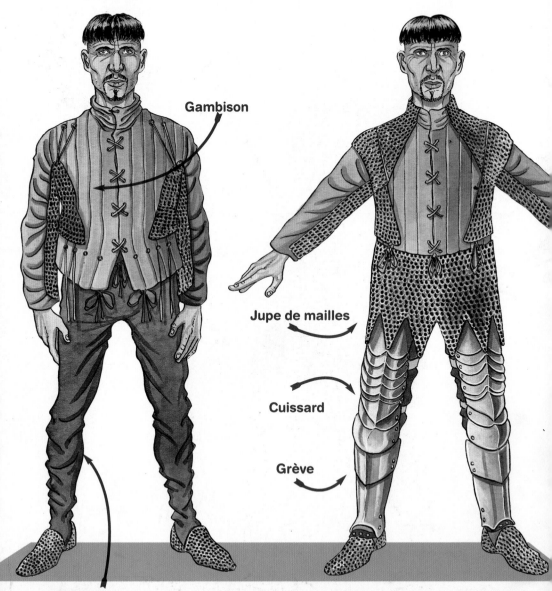

Gambison

Jupe de mailles

Cuissard

Grève

Chausse

HEAUME CONIQUE

Bassinet

Bavière

Coiffe de mailles
(ventail)

Nasal

Plastron

Cape

Soleret

Avant de mourir, ce dernier frappe son père à la tête : selon différentes versions de la légende, le roi meurt des suites de cette blessure ou est transporté dans l'île d'AVALON par des fées.

Tous les personnages de la légende trouvent la mort au cours du combat. C'est Cador, duc de Cornouailles, qui devient roi de Grande-Bretagne.

ASSAUT

Donner l'assaut, c'est attaquer un CHÂTEAU FORT.

Nombre de châteaux forts sont pris par surprise (des ennemis déguisés en paysans ou en marchands pénètrent à l'intérieur et ouvrent les portes). D'autres se rendent à l'issue d'un SIÈGE interminable. Si ces deux solutions échouent, il reste la possibilité de donner l'assaut.

Pour préparer l'invasion, l'assaillant bombarde l'intérieur de la citadelle grâce à toutes sortes de catapultes comme les TRÉBUCHETS, les MANGONNEAUX ou les pierrières. Il crée ainsi beaucoup de dégâts sur les bâtiments, incendie les toits et blesse des hommes. Puis, en général, il se concentre sur une ou plusieurs parties du château. L'assaillant choisit un mur et tente de passer par-dessus, par-dessous, ou à travers. Pour chacune de ces solutions, il existe des instruments et des techniques spécifiques.

Pour franchir les murs, l'assaillant utilise des échelles, des grappins (sorte de crochets de métal) et des BEFFROIS (tours d'assaut) ; pour défoncer les portes du château, il utilise de puissants BÉLIERS ; enfin, quand rien n'a réussi, il recourt à la pelle et à la pioche. La technique de la sape consiste à arriver au pied de la muraille et à en desceller les pierres du bas afin de former un trou suffisant pour laisser passer les assaillants. La technique de la mine consiste à creuser un tunnel jusque sous les fondations d'un mur qu'on consolide avec des poutres. Lorsque le trou est suffisamment grand, on met le feu aux poutres et tout le mur au-dessus s'écroule.

Le succès de l'assaut n'est jamais garanti car les assiégés se défendent. À travers les MEURTRIÈRES, ils décochent des milliers de flèches.

Par les **MÂCHICOULIS**, ils inondent les assaillants de pierres et de liquides brûlants. Ils repoussent les échelles et creusent des galeries pour surprendre l'ennemi à revers ou pour s'enfuir.

AVALON

Située dans les marais du Somerset, dans le sud-ouest de l'Angleterre, la légendaire Avalon est l'île dans laquelle le roi **ARTHUR** se serait réfugié.

Au soir de la bataille de Camlann qui voit mourir la plupart des chevaliers de la **TABLE RONDE**, le roi, grièvement blessé, est emmené à Avalon sur une barque conduite par des fées, parmi lesquelles se trouve sa sœur, **MORGANE**.
C'est le début de ce que l'on a appelé l'« espoir breton », qui peut se résumer ainsi : le roi Arthur n'est pas mort, il est protégé par la magie de Morgane et il reviendra un jour délivrer les Bretons de l'envahisseur saxon.
Cette légende a été créée pour donner aux Bretons, qui souffrent d'avoir été vaincus et envahis par les Saxons (au VIe siècle), l'espoir de prendre leur revanche. Cet « espoir breton » mourra avec l'arrivée des Normands dont le chef, Guillaume, prétendra qu'il est le descendant d'Arthur.

BANNIÈRE

C'est un drapeau de guerre.
La bannière est portée par le chevalier banneret, ainsi appelé parce qu'il mène son ban, sa troupe d'hommes, au combat.

Les peintures qui mettent en scène les grandes batailles du Moyen Âge en attestent : par-dessus la mêlée, toutes sortes de drapeaux, étendards, **ORIFLAMMES** et bannières, flottent au vent.

À l'extrémité d'une belle hampe en bois, le tissu de la bannière est décoré aux couleurs du seigneur. Pendant la bataille, elle sert de repère à ses fantassins (soldats à pied) qui peuvent ainsi apercevoir où se trouve leur seigneur. La bannière a une grande valeur symbolique. Elle représente le droit du **VASSAL** à se battre pour son **SUZERAIN** et elle porte les couleurs de sa famille. Le chevalier qui porte la bannière se battra jusqu'à la mort plutôt que de se la faire ravir, car, pour lui, ce serait un déshonneur.

BARBACANE

(VOIR PP. 40-41)

> Construction protégeant l'entrée du château.

L'ennemi attaque très souvent l'entrée du château. Celle-ci est en général protégée par un **CHÂTELET**, mais on rencontre également des constructions faites de murs de pierre percés de **MEURTRIÈRES** qu'on appelle barbacanes. Grâce à ces défenses avancées, l'ennemi ne peut accéder aux portes du **CHÂTEAU FORT**.

Ces barbacanes sont à l'avant des fortifications. On utilise également ce mot comme synonyme de meurtrière.

BARDE

Les engins de guerre tels les **MANTELETS**, mais aussi certains boucliers, sont en bois. Pour les renforcer, on utilise des lames de métal clouées qu'on désigne sous le nom de bardes.

BARDE

Un bouclier

Ce terme est également utilisé pour nommer les protections que l'on dispose sur les **CHEVAUX** de combat. En effet, le chevalier porte une **ARMURE**, mais, si sa monture est blessée, il se retrouve au sol, ce qui est un très gros handicap. Pour sa propre protection et celle de son cavalier, le **DESTRIER** est donc équipé d'un **CAPARAÇON** en cuir ou de bardes de métal.

BARON

Titre de **NOBLESSE**.

À l'origine, on désigne par le terme baron tout grand **SEIGNEUR** d'un royaume. C'est dans ce sens-là que l'on parle de la révolte des barons contre le roi **ARTHUR**. On dit aussi les « grands barons de France » pour évoquer les plus puissants seigneurs de la noblesse française.

Par la suite, le mot change d'utilisation. Le baron désigne un simple seigneur possédant un **FIEF** (appelé baronnie). C'est l'un des titres nobiliaires les moins prestigieux. Le baron vient après le vicomte, et juste avant le chevalier. C'est un titre héréditaire.

BASSINET

Casque à visière.

Le grand **HEAUME** (casque) porté par le chevalier présente l'inconvénient d'enfermer son visage. Au début du XIVᵉ siècle apparaît le bassinet, casque à visière mobile, bombée et munie de trous d'aération. Les progrès des armuriers permettent aux combattants de disposer, avec ces casques, d'un outil de protection très efficace grâce auquel ils peuvent tourner la tête ou relever la visière. Mais ces améliorations ne peuvent pas

supprimer tous les inconvénients. Le chevalier transpire, ses cheveux ou sa barbe se prennent dans les jointures et les rivets, son champ de vision est réduit. En 1430, le bassinet est remplacé par l'armet, plus léger et qui peut être conservé plusieurs heures sur la tête.

BASTION

Partie renforcée de la fortification.

Les murailles d'ENCEINTE d'une place forte, CHÂTEAU FORT ou ville fortifiée, sont parfois enrichies par des ouvrages de pierre qui forment un décrochement par rapport à l'axe des murs. On appelle ces bâtiments des bastions, et on dit qu'ils font saillie. Ils sont très souvent placés à des endroits stratégiques de la place forte, notamment aux quatre coins lorsque la citadelle est de forme rectangulaire.
Le château de Deal, en Angleterre, ressemble à une fleur avec ses six bastions disposés en corolle autour du DONJON central.

BAUDRIER

Bande de cuir ou de tissu auquel le chevalier suspend son ÉPÉE.

Le chevalier porte le baudrier en bandoulière, c'est-à-dire qu'il est posé sur son épaule droite et passe sous son bras gauche. Son épée est ainsi suspendue au côté gauche, ce qui lui permet de la dégainer rapidement de la main droite. Presque tous les chevaliers sont droitiers, car l'utilisation de la main gauche est très mal vue. C'est la main du diable !

BAYARD
(1475-1524)

On l'appelle le Chevalier sans peur et sans reproche.

Le chevalier Bayard, de son vrai nom Pierre du Terrail, naît dans une famille de nobles dauphinois (près de Grenoble) dont quatre membres ont péri pendant la guerre de Cent Ans (1337-1453). Son enfance est bercée par les récits des exploits de ses parents. De 1494 à 1524, Bayard s'illustre sur tous les champs de bataille. Il fait « merveille d'armes » pendant les guerres d'Italie, sous Charles VIII, à la bataille de Fornoue (1494) et à la difficile expédition des Pouilles. Ensuite, il s'illustre de manière décisive, en 1503, sur le pont du Garigliano, fleuve d'Italie centrale. Ce jour-là, 200 combattants espagnols armés jusqu'aux dents veulent passer le fleuve pour exterminer l'arrière-garde de l'armée française. Bayard s'avance seul sur le pont et tue un à un tous les combattants qui se présentent. Abasourdis par tant de courage, les Espagnols rebroussent chemin. C'est cet exploit qui va construire la légende du Chevalier sans peur et sans reproche.

Bayard.
Défense
du pont de Garigliano (1503)

Quelques années plus tard, Bayard s'illustre pendant la célèbre bataille de Marignan, en 1515. Le roi François Ier, pour le « grandement honorer », lui demande de recevoir l'« ordre de chevalerie de sa main ».

L'époque est très mouvementée et Bayard va combattre avec succès Espagnols et Allemands. Ayant vécu en chevalier, il meurt en chevalier. Bayard est mortellement blessé le 29 avril 1524, à Romagnano en Italie, tandis qu'il couvre à l'arrière-garde la retraite de l'armée française. Sentant sa fin proche, il demande à ses compagnons de le quitter afin qu'ils ne soient pas pris par l'ennemi.

Bayard incarne à lui seul toutes les vertus du chevalier. Il est brave, désintéressé, généreux, humble, chaste et magnanime. L'histoire a oublié qu'il était très rusé et d'une rare cruauté.

BEFFROI

Également appelé tour d'assaut.

Le beffroi est un instrument d'assaut. Il se présente comme une haute tour de bois, posée sur des roues. Grâce à cet ouvrage, l'assaillant peut se coller au mur du **CHÂTEAU FORT** pour atteindre son sommet (voir **ASSAUT**). À l'intérieur du beffroi, des soldats sont entassés sur différents paliers. Ils grimpent aux échelles à l'abri des flèches et tentent de prendre pied en haut d'un mur du château.

Le nom de beffroi désigne aussi une grande tour, généralement au centre d'une ville, et pourvue de cloches ou d'une horloge.

BÉLIER

Poutre de bois dont la tête est renforcée par du métal. Le bélier sert à enfoncer les portes.

L'assaillant (voir **ASSAUT**) se trouve parfois devant une porte du château. Il ne lui reste qu'à la faire voler en éclats : pour cela, il utilise un bélier.

Le bélier est suspendu sous un appentis de bois recouvert de peaux humides, la « truie », et les soldats le font balancer de l'arrière vers l'avant pour que sa tête percute la porte du château. Son nom vient de l'habitude qu'a le bélier d'affronter ses adversaires à coups de tête.

BLASON

C'est la carte d'identité HÉRALDIQUE du chevalier.
Le BLASON est l'ensemble des signes distinctifs et des emblèmes de la famille du CHEVALIER.

Il comporte des couleurs, des lettres, des figures d'animaux ou des formes géométriques. On confond parfois le blason, qui est une image, avec son support, qui est le plus souvent l'ÉCU (le bouclier).
À partir du XIIe siècle, le blason prend une grande place dans la vie des chevaliers. Lors des TOURNOIS, la tradition exige que le héraut, celui qui joue le rôle de présentateur du tournoi, décrive avec précision les éléments qui constituent le blason de chaque compétiteur. Il décrit aussi la forme de l'écu.

Les blasons sont héréditaires. Le fils reprend celui de son père et y ajoute un lambel (sorte de M évasé) s'il est l'aîné, une étoile s'il est le deuxième, un croissant s'il est le troisième. Les filles et les épouses ont également des blasons. Le blason du chevalier devient, avec le temps, de plus en plus complexe, car il hérite du blason de ses deux familles.

BOUCLIER
(VOIR LES DIFFÉRENTES ARMES PP. 28-29)

Arme défensive.

Dans le langage courant, bouclier a remplacé le terme ÉCU. Il vient du vieux mot français *bocler* utilisé dans l'expression *écu bocler*, c'est-à-dire écu avec une boucle. Le mot bouclier n'apparaissant qu'à la fin du temps des chevaliers, il est préférable d'utiliser le terme écu, plus approprié.

27

LES ARMES

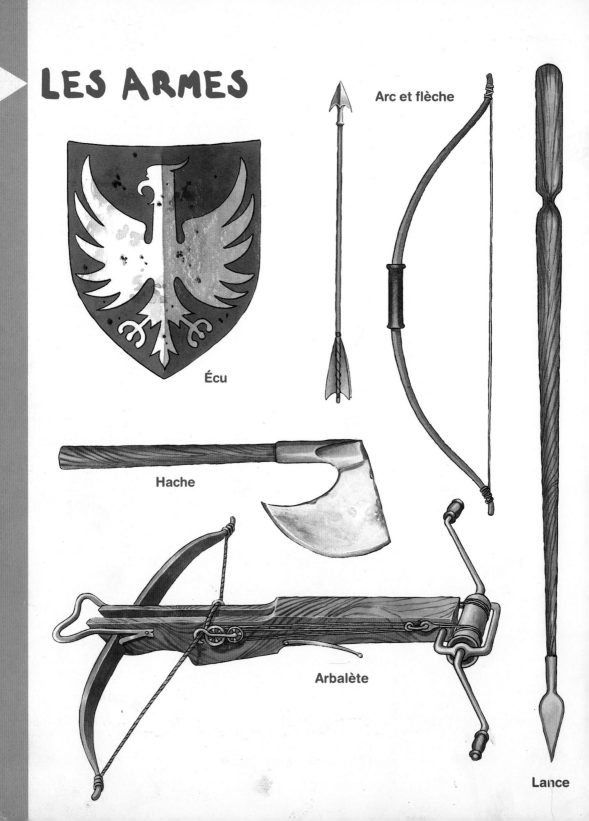

Écu

Arc et flèche

Hache

Arbalète

Lance

Hache d'armes

**Marteau d'armes
(maillotin)**

Épée

Dague

Masse d'armes

Fléau d'armes

Épée à deux mains

BOUFFON

C'est le clown du Moyen Âge !

Le bouffon est un pitre : son rôle est de déclencher le rire. Pour cela, il est capable de faire des grimaces, des jeux de mots, d'imiter les animaux ou les humains. Il peut aussi jongler, faire des cabrioles et des sauts périlleux. Après avoir diverti les SEIGNEURS comme artiste ambulant, il reste parfois attaché à la cour d'un prince.

Le bouffon n'a ni corps ni visage, mais un costume et des attributs symboliques. À la fin du Moyen Âge, on le reconnaît grâce au fameux capuchon à oreilles d'âne orné de grelots. Les couleurs qu'on lui associe généralement sont le vert et le jaune, couleurs de la folie...

Le personnage du bouffon devient très vite symbolique. Il incarne la marche souvent absurde du monde : il est le double ridicule du roi, une caricature du pouvoir et de ses attributs. Son bonnet symbolise la couronne royale et une marionnette représente le sceptre du roi.

BROIGNE

Vêtement de protection du XIe siècle.

Les peuples venus de l'Est qui envahissent l'Europe au Ve siècle ne connaissent pas l'ARMURE. C'est à l'époque carolingienne (à partir du VIIIe siècle) qu'elle fait son apparition. Jusqu'à cette date, c'est la broigne, vêtement de protection inspiré des cuirasses romaines, qui est utilisée. Celle-ci est faite d'écailles ou d'anneaux de fer cousus sur du cuir, ce qui permet d'économiser le métal encore très précieux. C'est une longue tunique renforcée qui enveloppe les cuisses mais laisse les jambes à la merci des coups de **LANCE**, des flèches et de la **HACHE**. Elle sera remplacée par le **HAUBERT**.

CAMELOT
(OU CAMAALOT)

Capitale légendaire du royaume du roi **ARTHUR**.

Ayant soumis les barons révoltés contre son autorité, le roi Arthur fait construire un château magnifique qui symbolise sa puissance: Camelot. C'est dans cette citadelle qu'il installera la fameuse **TABLE RONDE**, centre de toutes les aventures des chevaliers du même nom. Camelot est un lieu où la justice, l'intelligence et le bon goût ont toute leur place, une sorte de paradis de la chevalerie.

CAPARAÇON

Protection du **CHEVAL** de bataille.

Les animaux, comme les hommes, ont besoin d'être protégés lorsqu'ils vont au combat. Le **DESTRIER** (ou cheval de combat) est un bien extrêmement précieux pour le chevalier, car il est son principal atout. C'est grâce à lui qu'il se déplace, et c'est du haut de sa monture qu'il peut atteindre l'ennemi qui se présente à pied ou en selle. Il doit donc le protéger efficacement.

Pour cela, on utilise des **BARDES** métalliques ou un caparaçon. Ce mot d'origine espagnole et qui n'a aucun rapport avec le mot carapace désigne une large couverture de cuir, descendant jusqu'au sol, qu'on pose sur le dos du cheval et sous la selle. La solide protection du cuir rembourré avec du crin permet d'éviter les blessures de la monture, ce qui assure une meilleure résistance au chevalier juché dessus. Une protection métallique pour la tête, appelée chanfrein, complète cet équipement.

De nos jours, on utilise des caparaçons pour les chevaux de corrida, afin qu'ils soient protégés des cornes du taureau.

CHAMPION

Celui qui combat dans le champ.

Le chevalier ne se bat jamais pour rien. Dans le combat, il exerce sa force et fait étalage de son courage et de son talent, mais toujours dans un but précis. Le plus souvent, il défend une cause, la sienne ou celle d'un autre (son **SUZERAIN**, un parent), ou bien alors il se bat pour les couleurs de sa dame. On dit de lui qu'il est un champion car il affronte son adversaire en combat singulier sur le *champ* clos du **TOURNOI**. Ainsi **LANCELOT DU LAC** est le champion de **GUENIÈVRE** lorsqu'il se bat pour la délivrer. Depuis, le mot a changé de signification : il désigne un sportif excellent.

CHÂTEAU FORT

(VOIR PP. 88-89)

C'est le lieu de vie du **SEIGNEUR** et des chevaliers, ainsi que l'endroit où se réfugie la population en temps de guerre.

En Europe, les châteaux forts apparaissent aux IXe et Xe siècles et, pendant six cents ans, ils ne vont pas cesser d'évoluer. À la fin du Moyen Âge, la France compte plus de 6 000 châteaux forts. Chacun contrôle un territoire d'environ 30 km à la ronde. Le château fort doit répondre à trois fonctions : offrir une résidence au seigneur, affirmer l'autorité de celui-ci, résister aux **ASSAUTS** de l'ennemi. Les premières citadelles sont des constructions en bois plantées sur une motte de terre (appelée également tertre) d'une dizaine de mètres de haut. Le château est constitué d'une tour en bois entourée d'une palissade de troncs d'arbres plantés dans le sol. Au pied de cette butte, une seconde **ENCEINTE** protège ce qu'on appelle la basse-cour, où vivent les animaux et les serviteurs du seigneur.

Dès le début du XIe siècle, la pierre apparaît dans les constructions. La défense du château fort devient une priorité : le **DONJON** se transforme en une tour imprenable protégée par un haut mur d'enceinte, la chemise, elle-même entourée d'une seconde muraille plus basse.

Puis, la défense se concentre petit à petit sur l'enceinte.

D'épaisses courtines, portions de mur en pierre, joignent des tours énormes. À l'intérieur, le donjon disparaît, laissant place à de vastes logis confortables adossés aux murs. C'est le temps des châteaux-cours.

Au XIVe siècle, la terrible guerre de Cent Ans (1337-1453) entraîne un retour au donjon et le souci de se prémunir contre les boulets de canon. Les constructions extérieures sont épaissies et semi-enterrées.

Les châteaux forts sont des lieux de guerre que les seigneurs abandonnent peu à peu au profit de châteaux aux larges fenêtres, avec des salles luxueuses et des jardins florissants. C'est la fin de l'époque des châteaux forts, commence celle des châteaux de la Renaissance.

CHÂTELET

Construction située à l'entrée de nombreux **CHÂTEAUX**.

Le châtelet d'entrée comporte plusieurs éléments. Il y a d'abord le **PONT-LEVIS**, une ou plusieurs **HERSES** (grilles) et la porte du château. Cette enfilade est enfin

Le châtelet

complétée par une voûte trouée au-dessus de la herse qu'on appelle l'assommoir car on y lance de lourds projectiles sur les casques des assaillants. Parfois, un balcon de bois ou de pierre seulement percé de MEURTRIÈRES et de trous est construit au-dessus du pont-levis. C'est une bretèche.

CHEVAL

C'est le compagnon inséparable du chevalier.

C'est le cheval qui fait le chevalier, et c'est à lui qu'il doit son nom. C'est dire l'importance que revêt cet animal dans sa vie. Le chevalier est d'abord un excellent cavalier. Depuis l'enfance, chaque garçon de la NOBLESSE passe beaucoup de temps à cheval. On lui confie très rapidement des montures nerveuses et capricieuses qui lui donnent du fil à retordre. Le futur chevalier s'exerce au saut, à la course et à la QUINTAINE. À quinze ans, un jeune cavalier doit savoir tenir n'importe quelle monture d'une seule main. C'est primordial car, au combat, il aura besoin de sa main

droite pour se battre. Devenu adulte, il sera aussi à l'aise sur une selle que sur ses pieds. C'est grâce à son cheval qu'il se déplace, c'est avec lui qu'il chasse, qu'il participe aux tournois ou qu'il combat.

Il ne faut pas croire pour autant qu'un seul cheval s'acquitte de toutes ces besognes. À chaque moment son cheval particulier. Le palefroi est un cheval de parade, fin et gracieux ; le sommier est un animal de charge, il porte les bagages, les armes, les vivres ; le coursier sert aux déplacements, c'est avec lui que le chevalier part en voyage ; le DESTRIER est le cheval de combat. Quant aux belles dames, elles montent la haquenée, une monture de parade plus petite.

CHEVALERESQUE

Lorsqu'on pense à ce qu'est un chevalier, on imagine tout de suite un cavalier revêtu de son ARMURE, le SABRE ou la LANCE au poing. Cette image est incomplète ! Il ne suffit pas d'être un guerrier pour prétendre au titre de chevalier, encore faut-il avoir une attitude chevaleresque, c'est-à-dire conforme aux vertus de la chevalerie.

Au premier rang de ces vertus : la bravoure. Elle est, avec l'**HONNEUR**, ce qui guide sa vie. Rien, pas même le danger pour sa propre vie, ne doit retenir le chevalier. Il ne redoute rien, hormis la colère de Dieu. Un chevalier est brave au sens où il doit affronter le danger quand il se présente, mais toujours en respectant un code d'honneur. Le chevalier n'utilisera pas un **ARC** ou une **ARBALÈTE** pour éliminer un ennemi. La façon de combattre va, pour lui, compter davantage que l'issue du combat. C'est la raison pour laquelle de nombreux combats ne vont pas jusqu'à la mort. Mettre son adversaire à terre est suffisant. Le chevalier ne se bat pas par colère ou par haine, il combat bravement pour son honneur ou pour l'honneur de celui qu'il défend.

Le chevalier doit aussi se montrer généreux quand il rencontre des pauvres. Il porte toujours sur lui une petite bourse suspendue à sa ceinture (l'aumônière) pour donner quelques pièces aux plus démunis. Enfin, la courtoisie est d'une grande importance, notamment avec les dames. Habitué à la fréquentation des soudards, soldats braillards et mal élevés, le chevalier devient un autre homme quand il croise une dame. Il doit savoir tourner un compliment, s'incliner sur son passage et ne pas lui écraser les pieds dans l'exercice délicat de la danse !

CHEVALIER

Au sens propre du terme, c'est un cavalier en armes. On considère qu'il apparaît à l'époque de Charlemagne, vers l'an 800, et s'éteint autour de la bataille d'Azincourt (1415).

L'essor des chevaliers repose sur une invention apparemment anodine, celle des étriers. On suppose que cet accessoire, qui permet au cavalier d'avoir ses pieds bien calés, est arrivé avec les invasions arabes autour de l'an 750. Avant cela, un homme à cheval était très facilement désarçonné puisque rien ne le liait à sa monture. Le chevalier, perché sur son **DESTRIER**, en impose par sa prestance aux autres combattants. Une bonne selle, des rênes maniables, des étriers stables lui donnent désormais l'avantage sur le fantassin (combattant à pied).

Le chevalier a un rôle majeur dans la société européenne du IXe au XVe siècle. Il est « le » héros de l'époque féodale. Tout le système (voir FÉODALITÉ) s'est créé autour de lui : pour le récompenser de ses exploits et pour l'aider à entretenir ses chevaux, ses domestiques et son équipement, un SEIGNEUR lui confie un FIEF (une terre) qui va lui rapporter de l'argent. Avec le temps, le fief devient héréditaire (il se transmet de père en fils), ou bien peut s'acheter.

Du jour de son ADOUBEMENT (cérémonie par laquelle il est fait chevalier) à celui de sa mort, le chevalier ne se soucie que de son HONNEUR. Le serment qu'il a fait devant celui qui l'a adoubé lui sert de guide toute sa vie. Il ne travaille pas et s'interdit de faire du commerce. Il se consacre à la guerre et au combat.

Les chevaliers sont des personnages magnifiques qui seront les ancêtres de toute la NOBLESSE d'Europe. Un progrès technique les a fait apparaître, un autre les condamne...

L'invention des différents canons et des boulets qui emportent tout - chevaux, chevaliers et armures - mettra un terme à l'époque des chevaliers.

CIMIER

Ornement placé sur la partie supérieure du casque.

Le HEAUME (casque) du chevalier est souvent orné de son BLASON (ses signes distinctifs). Il est également décoré par un ornement placé au sommet du casque. Cet objet est en général une plume,

Cimier en panache

37

mais peut être également une figurine en métal.

Le cimier, lorsqu'il est constitué par un bouquet de plumes serrées, prend le nom de panache. Le plus célèbre est celui du roi Henri IV qui demande à ses soldats « de se rallier à son panache blanc ». Voltaire en a donné cette description dans *La Henriade* :

« *Ne perdez point de vue,
au fort de la tempête
Ce panache éclatant
qui flotte sur ma tête.
Vous le verrez toujours
au chemin de l'honneur.* »

CITÉ DE CARCASSONNE

(VOIR UNE VILLE FORTIFIÉE PP. 40-41)

C'est la plus grande citadelle médiévale du monde.

Située au bord de l'Aude, dans le sud de la France, la cité de Carcassonne est le témoin monumental de 2 500 ans d'histoire. Les vestiges d'un oppidum (camp militaire ancien) indiquent une première présence humaine au VIe siècle av. J.-C. Les Romains occupent la ville au IIe siècle avant notre ère. Ils seront remplacés par les Francs, puis par les Wisigoths. En 507, Clovis tente vainement d'envahir la cité, qui ne se rend pas. En 725, les Arabes occupent la place et seront chassés trente ans plus tard par Pépin le Bref. Cette époque a inspiré la légende de Dame Carcas (voir SIÈGE).

La période médiévale est le moment le plus agité de son histoire. Les guerres et les sièges se succèdent ! Seul Saint Louis, roi de France, soumet la cité. En 1248, il fait édifier une seconde ENCEINTE et donne à la citadelle l'allure qu'elle a aujourd'hui. En même temps, il fait édifier la ville basse de l'autre côté de l'Aude. La cité est désormais une forteresse imprenable.

À partir de ce moment-là, l'influence de la cité diminue, jusqu'à devenir une ruine au XIXe siècle. Les habitants de Carcassonne lui arrachent ses pierres pour bâtir des taudis tout autour des murs d'enceinte et se servent des tours pour entreposer du fourrage, des engins ou des animaux.

Menacée de destruction totale par le gouvernement de Napoléon III, en 1860, elle est sauvée par Prosper Mérimée, inspecteur des Monuments historiques et écrivain, puis restaurée par Viollet-le-Duc.

La cité de Carcassonne, ce sont 3 km de fortifications, 52 tours, 1000 ans d'architecture militaire, et plus de 2 000 habitants à l'époque médiévale (une centaine de « ciutadins » y résident actuellement). Classée au patrimoine mondial par l'Unesco, la cité de Carcassonne est une ville fortifiée visitée par plus de deux millions de personnes chaque année.

COLLÉE (OU COLÉE)

Du latin *collum*, le « cou ». Geste rude par lequel l'adoubant frappe du plat de la main droite la nuque du futur chevalier.

Le futur chevalier reçoit ce coup sans sourciller. Il fait ainsi preuve de courage et de maîtrise, qualités indispensables du chevalier. Ce rituel est le temps fort de la cérémonie d'ADOUBEMENT. Il sera progressivement remplacé par l'ACCOLADE, au cours de laquelle l'adoubant pose son ÉPÉE sur l'épaule de celui qui, par ce geste, est fait chevalier.

COMTE

Vient du latin *comes*, qui signifie « compagnon ». C'est un titre de NOBLESSE.

Les premiers comtes sont, à l'origine, les compagnons du roi. Ce terme désigne ensuite un grand seigneur qui administre une région appelée un comté, comme le comté de Toulouse. Dans la hiérarchie nobiliaire, c'est-à-dire

UNE VILLE FORTIFIÉE

inspirée de la cité
de Carcassonne

Dans la **VILLE** fortifiée
vivent des soldats,
leur famille,
des commerçants,
des artisans et des
employés du château.

Le **CHÂTEAU
SEIGNEURIAL :**
c'est là que vivent
le seigneur et sa famille.

La portion de mur
comprise entre deux
tours successives
s'appelle
une **COURTINE**.

Les châteaux forts
sont entourés
d'un ou plusieurs murs
qu'on appelle murs
d'enceinte. Une cita-
delle peut compter
jusqu'à trois
ENCEINTES.

La surveillance
des abords de la ville
se fait du haut des tours
où un trottoir suspendu
est aménagé.
C'est le **CHEMIN
DE RONDE**.

Une église est construite
à l'intérieur de la ville.
Certaines prennent
le nom de
BASILIQUE,
car elles sont bâties sur
le modèle des basiliques
romaines.

La **BARBACANE**
située à l'extérieur
des murs, protège
une porte de la ville.

Le **FOSSÉ**

(suite COMTE)

dans le classement des titres de noblesse, le comte se trouve après le marquis mais avant le baron. Comme c'est le cas pour les autres titres nobiliaires, très rapidement, les comtes cèdent leur titre à leur fils. Il devient héréditaire.

CORVÉE

Travail obligatoire et non payé dû au SEIGNEUR.

La corvée apparaît au IXe siècle et se compte en nombre de jours de travail. En droit ancien, elle désigne l'ensemble des services et des impôts que le VASSAL doit à son SUZERAIN. Mais ce n'est pas cette signification que l'histoire a retenue. La corvée, c'est le travail obligatoire et non payé que doivent les paysans à leur seigneur, comme par exemple cultiver ses terres. La fortune du seigneur repose sur le travail de ses paysans. Non seulement il prélève sa part sur tout ce qui est produit dans son FIEF – animaux, céréales, légumes –, mais, en plus, il contraint tous et chacun à des journées entièrement consa-

crées à ses bénéfices. La fortune du seigneur, ce qui lui permet d'avoir les moyens d'entretenir son équipage de chevalier, c'est le travail de ses paysans. La corvée est très douloureusement ressentie par ceux-ci. Elle sera l'une des causes principales des révoltes dans les campagnes, les JACQUERIES.

COTTE DE MAILLES

Du francique *kotta*, qui signifie « manteau ».

C'est une tunique métallique qui protège le chevalier jusqu'aux chevilles (voir HAUBERT).

CRÉNEAU

Les murs d'**ENCEINTE** des **CHÂTEAUX FORTS** sont surmontés d'un parapet crénelé. Les parties creuses qui permettent aux soldats de guetter ou de tirer leurs flèches s'appellent les créneaux. Les parties pleines se nomment les **MERLONS**.

CROISADES

Expéditions militaires organisées pour délivrer les Lieux saints du christianisme conquis par les musulmans.

La période des croisades s'étend sur deux cents ans, de 1096 à 1291. On en compte neuf d'inégale importance. Le but avoué de ces expéditions militaires est de délivrer le tombeau de Jésus-Christ à Jérusalem, alors aux mains des musulmans, et de créer un État chrétien en Palestine. Les croisades connaissent des fortunes diverses. La première voit des milliers de pauvres gens se faire écraser par les Turcs. L'arrivée de la troupe des chevaliers commandée par Godefroi de Bouillon aboutit à la prise de Jérusalem (1099) et à la création d'un État chrétien. La suite de l'histoire des croisades n'est qu'un long feuilleton de victoires et de défaites autour du Saint-Sépulcre (tombeau de Jésus-Christ). D'autres croisades se déroulent, notamment celle des enfants, qui voit des milliers de jeunes Français et Allemands périr sur la route de Jérusalem. Le cycle des croisades s'achève avec le roi Louis IX (dit Saint Louis), qui meurt de la peste à Tunis, et la défaite des croisés devant Acre, place forte proche de Jérusalem, en 1291.

Les croisades sont d'une grande importance dans l'histoire de l'Europe. Elles bouleversent le commerce en permettant d'ouvrir des routes vers l'Asie et ses richesses (épices, or, soieries). C'est à cette époque qu'apparaissent les grands **ORDRES** de moines-soldats : les **TEMPLIERS**, les **HOSPITALIERS**. Ces croisades donnent aux chevaliers l'occasion de montrer leur bravoure, mais surtout celle de s'unir. Avant, ils combattaient les uns contre les autres. Pendant les croisades, ils s'allient contre un ennemi commun et, surtout, ils défendent la religion chrétienne contre la religion musulmane. Pour eux, c'est le plus noble des combats. D'autres expéditions militaires sont assimilées à des croisades, comme la Reconquista, qui voit alors les armées chrétiennes chasser les Maures (musulmans) d'Espagne.

CROISÉ

PÈLERIN qui part en croisade vers la Terre sainte.

Le phénomène des croisés s'étend du XIᵉ au XIIIᵉ siècle. On les appelle ainsi car ils portent sur leurs vêtements une croix rappelant la croix de crucifixion de Jésus-Christ.
Il existe des croisés célèbres comme Godefroi de Bouillon et Pierre l'Ermite (les premiers à faire le voyage), Philippe-Auguste, roi de France qui s'en revient vite car il se dispute avec le roi d'Angleterre, Frédéric Barberousse qui s'y noie, Richard Cœur de Lion qui s'y fait berner (l'accord de paix qu'il signe avec Saladin le Magnifique ne sera jamais respecté par ce dernier).

Avec la prise de Jérusalem, les croisés créent les États croisés : un royaume, celui de Jérusalem, et trois principautés (Antioche, Edesse et Tripoli). Ils tentent de réorganiser ces petits États comme ceux d'Europe, mais la douceur de la vie orientale les fait évoluer. Beaucoup de croisés épousent des femmes turques, revêtent des habits persans, se laissent séduire par le luxe et la vie facile. Malgré tout, le danger est toujours présent. De nombreux jeunes chevaliers meurent de maladie ou assassinés. Dans ces pays, l'espérance de vie est très courte et c'est un flot permanent de nouveaux chevaliers qui doivent venir d'Europe pour maintenir ces États chrétiens.

La plupart des croisés sont partis en Terre sainte par goût du risque et de l'aventure, même si cela ne doit pas faire oublier le caractère religieux de leur démarche. Les croisés combattent aussi pour le salut de leur âme.

CROIX

Symbole catholique rappelant la crucifixion de Jésus-Christ.

Il existe de très nombreuses croix dans le monde. Au Moyen Âge, certains **ORDRES DE CHEVALERIE** choisissent une croix comme emblème. C'est le cas de trois ordres de moines-chevaliers caractérisés par une croix blanche sur fond

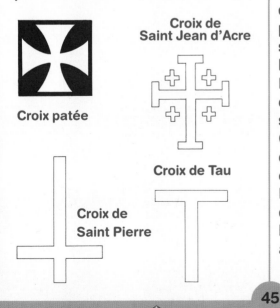

Croix patée

Croix de Saint Jean d'Acre

Croix de Tau

Croix de Saint Pierre

noir pour les **HOSPITALIERS**, une croix noire sur fond blanc pour les chevaliers **TEUTONIQUES** et une croix rouge sur fond blanc pour les **TEMPLIERS**.

CYCLE BRETON

C'est le nom donné à l'ensemble des écrits en vers ou en prose racontant les aventures du roi **ARTHUR** et des chevaliers de la **TABLE RONDE**.

Également appelé cycle arthurien, le cycle breton occupe une grande place dans la littérature du Moyen Âge. Il est l'équivalent anglais du cycle de Charlemagne, qui raconte les exploits de « l'empereur à la barbe fleurie » et de ses compagnons. La rivalité entre les Capétiens qui règnent sur la France et les Plantagenêts qui occupent la Grande-Bretagne s'exprime aussi par le roman. Ces œuvres littéraires, commandées par les deux dynasties, sont en fait des outils de publicité. Les rois paient les écrivains pour qu'ils écrivent des œuvres à leur gloire ou à celle de leurs ancêtres.

DAGUE

C'est une courte ÉPÉE,
de la taille d'un poignard, que
le chevalier porte au côté droit.

Bien que petite et légère, la dague
est d'une efficacité redoutable
car elle peut passer à travers la
cuirasse ou la COTTE DE MAILLES.
Elle est l'arme de la trahison et
l'instrument de nombreux crimes.
Henri IV et le duc de Guise ont
péri sous ses coups. Facilement
dissimulée sous le manteau ou
dans la manche, sa lame est
assez longue pour atteindre le
cœur. Les traîtres l'utilisent pour
frapper dans le dos ceux à qui ils
viennent de sourire.
Elle est aussi l'arme de la miséricorde. Dans les combats à mort,
elle peut devenir « dague de miséricorde » : le chevalier vaincu qui
sent qu'il est perdu peut réclamer
que son adversaire abrège ses
souffrances d'un coup de dague.
On parle de miséricorde pour dire
que le chevalier vainqueur a pitié
de son adversaire et qu'il est sen-
sible à sa détresse. C'est la
dague de miséricorde qui administre le « coup de grâce », le
coup qui donne la mort et confie
le mourant à la « grâce de Dieu ».

DAMOISEAU

Jeune gentilhomme,
fils du SEIGNEUR.

Avant d'être chevalier, le jeune
homme est un damoiseau, tout
comme sa sœur est une damoi-
selle. Souvent, le damoiseau part
servir comme PAGE ou comme
ÉCUYER dans le château d'un
noble, ami de son père.

DÉGRADATION

La pire des humiliations
pour un chevalier.

Moins connue que l'**ADOUBEMENT**, la cérémonie de dégradation sert de châtiment au chevalier qui a manqué gravement à son devoir. C'est une punition terrible, mais très rare. Les chevaliers qui subissent cette cérémonie sont en général des traîtres envers la couronne ou des auteurs de massacres en temps de paix.

Avant qu'un chevalier subisse la dégradation, il doit être reconnu coupable des charges retenues contre lui. Pour le juger, un tribunal exceptionnel se réunit, en présence du roi le plus souvent, et peut décider de son innocence ou de sa dégradation et de son éventuelle condamnation à mort. La cérémonie proprement dite commence par le discours d'un chevalier de renom qui rend compte publiquement des crimes du chevalier condamné. Un autre homme s'approche et lui ôte ses éperons, ses armes et ses protections. Il jette violemment le tout au sol puis se saisit de l'**ÉPÉE** du félon qu'il brise en deux avant de la jeter elle aussi. Tout cet amas de fer est ensuite enfoui dans un tas de fumier.

L'**ÉCU** (bouclier) du chevalier déchu, sur lequel figure son **BLASON** (ses signes distinctifs), est attaché à la queue d'un cheval. Si la sentence est une condamnation à mort, le bouclier est attaché pointe vers le haut ; dans le cas contraire, il est attaché pointe vers le bas. Le cheval est alors promené dans une cour immonde et répugnante, afin de maculer le blason du chevalier de boue et de purin. L'écu est ensuite récupéré afin de faire disparaître les **ARMOIRIES** qui s'y trouvent, puis il est lancé lui aussi dans le fumier. À la suite de ces humiliations, un ami du condamné vient parfois l'insulter. La condamnation à mort est exécutée par décapitation ou pendaison.

DESTRIER

(VOIR L'ARMURE DU CHEVAL PP. 48-49)

C'est le **CHEVAL** de bataille
du chevalier.

Pour mener le destrier au combat, l'**ÉCUYER** le conduit à pied, toujours de la main droite, la *dextre* en vieux français : c'est de là que vient son nom.

47

L'ARMURE DU CHEVAL

Le **CHANFREIN**
protège la tête
du destrier,
la **COLLERETTE**,
son poitrail.

Le chevalier tient fièrement sa **BANNIÈRE** aux couleurs de sa famille.

Le heaume est doté d'une **VISIÈRE** mobile dite «en museau de chien» du fait de sa forme.

Pour permettre au chevalier d'être bien assis, la selle est pourvue de deux **ARÇONS** hauts et solides à l'avant et à l'arrière.

Une longe de cuir appelée **CROUPIÈRE** relève la queue du cheval et maintient sa protection arrière.

Un **TAPIS DE SELLE** protège l'animal du contact direct de la lourde selle.

L'ÉTRIER permet au chevalier d'avoir son pied calé. Il peut ainsi se servir de ses bras pour combattre.

(suite DESTRIER)

La vie du chevalier dépend souvent de la qualité de sa monture. L'éducation du cheval est donc d'une extrême importance. Souvent confiée à des palefreniers très expérimentés, elle dure au moins six ans. Les destriers sont très chers : les SEIGNEURS en prennent grand soin et se disputent les meilleurs, pour lesquels ils peuvent se ruiner. Les marchands de chevaux comptent alors parmi les hommes d'affaires les plus riches.

Les films de chevalerie donnent une image fausse des destriers. Ce ne sont pas de beaux pur-sang mais plutôt des gros chevaux trapus, beaucoup plus robustes et moins fragiles !

DÎME

Impôt directement perçu par le CLERGÉ.

Son nom vient d'un ancien impôt payé par les Juifs qui devaient donner un dixième de leur récolte à Dieu ou aux lévites (religieux occupés au service du Temple). Chaque paroisse, c'est-à-dire chaque village ayant une église, possède un prêtre. C'est lui qui est chargé de percevoir les dîmes ecclésiastiques. Cet impôt s'élève à environ 7 % des récoltes : il est directement prélevé en nature au moment des récoltes. La dîme est non seulement payée par les paysans et les bourgeois, mais aussi par les chevaliers et la NOBLESSE.

DONJON

C'est l'ultime refuge quand le château est attaqué.

Les premiers donjons apparaissent avec les premiers CHÂTEAUX FORTS. D'abord construits en bois, ils deviennent rapidement l'ultime refuge de pierre de la citadelle.

Le donjon se compose en général d'une haute et large tour centrale (la plus élevée du château) et d'un mur d'ENCEINTE très proche, la chemise. Il est souvent posé sur un monticule de terre ou de roche (appelé motte ou tertre) pour occuper une position dominante. Pour éviter la sape ou la mine qui consistent à détruire le pied des murailles pour les faire s'effondrer (voir **ASSAUT**), il est souvent protégé par d'épais talus. On dit que les murs sont talutés. Il arrive que des châteaux forts soient envahis, mais que le donjon résiste encore. En temps normal, le donjon est l'endroit où vit le **SEIGNEUR** avec sa mesnie, c'est-à-dire sa famille, ses proches, ses domestiques et ses capitaines. C'est aussi là qu'on entrepose les denrées précieuses, les armes, et tout ce qui peut servir à soutenir un siège.

DOUVE

C'est un **FOSSÉ** profond qui entoure le château.

Contrairement à ce qu'on voit dans les films, il est rare qu'on y trouve de l'eau !

DU GUESCLIN
(1320-1380)

Bertrand du Guesclin, aîné d'une famille de dix enfants, naît dans le château de La Motte-Broons, près de Dinan, qui ressemble davantage à une ferme qu'à une citadelle. Bertrand grandit comme un petit paysan, parmi les cochons et la volaille.

Le jeune garçon est très laid : sa mère, qui est une femme d'une grande beauté, lui préfère ses frères et sœurs. Bertrand est souvent traité comme un pestiféré. L'école ne l'intéresse pas, il partage son temps entre les bagarres avec les petits paysans et les longues semaines de réclusion dans le cachot où son père l'enferme. Un beau matin, il s'évade et parvient chez son oncle à Rennes, qui le reçoit avec bienveillance. En se promenant un dimanche, il assiste à un grand **TOURNOI** de lutte à mains nues. Bertrand ne peut s'empêcher d'y participer. Il défie le champion, un colosse deux fois comme lui, et le terrasse.

Puis, vient le jour de son premier tournoi. Bertrand est si pauvre qu'il n'a aucun équipement. Par chance, l'un de ses cousins se blesse et lui cède son matériel. Bertrand défait un à un tous les chevaliers qui se présentent à lui. Mais quand son père veut se mesurer à lui, il refuse de se battre et révèle qui il est. Son père est fier de lui, le sort de Bertrand est écrit : il sera chevalier.

La guerre de succession de Bretagne ouvre le cycle de la guerre de Cent Ans entre les royaumes de France et d'Angleterre. Après la défaite des troupes françaises à Crécy (1346), Bertrand entre en résistance à la tête d'une bande de hors-la-loi qui harcèlent les Anglais et leurs alliés. Il multiplie les exploits et se couvre de gloire. En 1350, il est fait chevalier. Il choisit sa devise qu'il hurlera dans toutes les batailles : « Notre Dame Guesclin ». Ses coups d'éclat font grandir sa légende. Il n'a peur de rien. Il s'introduit dans les camps ennemis, les pille, les incendie. Il délivre son frère grâce à un combat singulier contre le meilleur chevalier anglais. Sa vie est tumultueuse, il est fait prisonnier plusieurs fois. Mais le roi paie toujours la rançon réclamée, car c'est grâce à lui que les Anglais sont repoussés.

Devenu chevalier banneret (voir **BANNIÈRE**), il débarrasse le territoire des bandes de soldats sans travail qui pillent, tuent et saccagent tout sur leur passage, en les envoyant se battre en Espagne. Après d'autres exploits, en 1370, le roi Charles V lui remet l'**ÉPÉE** à poignée d'or et fourreau de velours bleu semé de fleurs de lis : l'épée de connétable de France. Il est désormais le chef de toutes les armées du roi.

Du Guesclin meurt le vendredi 13 juillet 1380 devant Châteauneuf-de-Randon. Il a l'insigne honneur d'être enterré auprès des rois de France, à Saint-Denis.

DURANDAL

L'ÉPÉE magique de ROLAND de Roncevaux.

Nous sommes aux environs de 776. Roland, neveu de Charlemagne, est pris au piège avec l'arrière-garde de l'armée de son oncle. Les SARRASINS lui ont tendu une embuscade dans le défilé de Roncevaux, vallée étroite au fond de laquelle il comprend qu'il est pris au piège. Il n'a pas peur de mourir, mais il craint pour Durandal. Cette épée de légende est non seulement une arme redoutable, mais c'est un joyau sacré dont la garde contient des reliques de saints rapportées de Rome. Il ne veut pas l'abandonner aux Sarrasins qui les entourent. La mort dans l'âme, il décide de la briser. Rassemblant ses forces, Roland frappe un gros coup sur la roche. Le rocher gigantesque se fend en deux, mais l'épée demeure ferme et solide. Dans les Pyrénées, un sommet partagé en deux porte encore le nom de Brèche de Roland.

La légende raconte que, Roland ne réussissant pas à briser Durandal, il prie l'archange saint Michel de l'aider à la soustraire aux INFIDÈLES. Roland la lance de toutes ses forces vers la vallée. L'épée traverse les airs sur des kilomètres, puis vient se planter dans le rocher du sanctuaire de Rocamadour où elle se trouve encore, vieille et rouillée.

53

ÉCU

Ancien nom du **BOUCLIER**.

L'écu est une arme défensive dont la forme a évolué avec le temps. Aux XIe et XIIe siècles, l'écu d'origine nordique domine. En bois recouvert de cuir, il ressemble à un pétale : pointu à la base, il s'évase et s'arrondit vers le haut. Il mesure plus de 1 m et permet au chevalier de se préserver des tirs de carreaux (flèches) d'**ARBALÈTE**. Avec les

progrès techniques, le corps est mieux protégé et la taille du bouclier diminue. Il fait maintenant une soixantaine de centimètres et peut prendre une forme ronde, rectangulaire ou triangulaire. Parallèlement, il devient métallique.

L'écu est l'un des attributs principaux du chevalier avec sa **LANCE**, son **ÉPÉE** et son **CHEVAL**. La tradition impose que le **BLASON** (les signes distinctifs) du chevalier figure dessus.

L'écu sert également de support au blason d'une famille ou d'une ville. Celui-ci est souvent représenté par des peintures au-dessus des portes ou par des morceaux de tissu ayant la forme d'un écu. On parle dans ce dernier cas de l'écusson de la famille ou de la ville.

maintes occasions, porte son casque ou son **ÉCU**. L'écuyer est donc celui qui porte l'écu. Le jeune garçon aide également le chevalier à revêtir son **ARMURE**, lourde et malcommode. L'une de ses tâches principales concerne l'entretien et le soin du **DESTRIER** de son maître.

Petit à petit, l'écuyer participe activement aux campagnes de guerre du chevalier. Il s'aguerrit très vite et participe aux combats. Lorsque, par sa vaillance et sa science de la guerre, il est devenu l'égal des autres chevaliers, il est adoubé (voir **ADOUBEMENT**) et entre « en chevalerie ».

ÉCUYER

Jeune gentilhomme au service du chevalier.

Tout gentilhomme qui aspire à devenir chevalier devient un jour écuyer. C'est vers l'âge de seize ans qu'il accède à cette fonction. Auparavant, en tant que jeune **PAGE**, il a appris le maniement des armes. La conduite et les soins donnés aux chevaux n'ont plus de secrets pour lui. Il assiste désormais son **SEIGNEUR** en

ENCEINTE

Ceinture formée de hauts murs encerclant le château.

Dès l'apparition des premières fortifications en bois, au IXe siècle, on encercle la tour où vit le **SEIGNEUR** au moyen d'une palissade de bois pour interdire l'accès au château. Avec le temps et les progrès des techniques de guerre, les fortifications extérieures sont devenues de plus en plus imposantes. Les grands châteaux comme la **CITÉ DE CARCASSONNE** possèdent deux, voire trois enceintes. Celle qui est à l'extérieur est généralement plus basse que l'enceinte intérieure afin de permettre le tir de la seconde par-dessus la première.

ÉPÉE

L'épée incarne le symbole de la condition **CHEVALERESQUE**.

Bien que l'arme principale du chevalier soit sa **LANCE**, l'épée constitue sa meilleure alliée dans le combat à pied.
L'épée est faite d'une lame longue de 1 m environ et doit être maniée à deux mains en raison de son poids, supérieur à 2 kg. On la saisit par une poignée matelassée, terminée par un **POMMEAU**. Cette poignée est protégée par la garde, pièce métallique perpendiculaire à la lame, qui préserve la main. Cette garde est parfois incrustée de joyaux ou même de reliques (morceaux d'os ou mèche de cheveux ayant appartenu à un saint). Le chevalier porte la plupart du temps son épée au côté gauche, enfermée dans un fourreau suspendu à un

BAUDRIER. Le but premier de l'épée n'est pas de tuer l'adversaire, mais de le déséquilibrer ou de l'assommer grâce à des coups assénés du plat de la lame ou de l'un des deux tranchants. On disait alors « frapper de taille ». C'est seulement lors des batailles contre les **INFIDÈLES** (les non-chrétiens) qu'elle deviendra une arme meurtrière servant à pourfendre l'ennemi. On dira alors « frapper d'estoc ».

Lors de la cérémonie d'**ADOU-BEMENT**, le jeune chevalier reçoit son épée des mains de son **PARRAIN**. Le prix de l'arme est si important que c'est très souvent le parrain qui l'offre. S'il est âgé, il peut même donner la sienne.

Symboliquement, l'épée représente la force, la Parole de Dieu (sa forme rappelle celle de la croix de Jésus-Christ), le courage et la puissance. Elle confère la **NOBLESSE** à celui qui la porte (qui la ceint). On parle alors de noblesse d'épée (militaire) par opposition à la noblesse de robe (clergé).

Le vocabulaire lié à l'épée est très important. On retiendra quelques noms d'épées anciennes : badelaire, branc, braquemart, brette, briquet, espadon, estocade, rondelle, spathe et ceux, plus connus, d'épées à lame courbe : bancal, cimeterre, yatagan. L'épée a une telle importance dans la vie du chevalier qu'il lui donne parfois un nom. Les épées les plus célèbres sont **DURANDAL**, épée de **ROLAND**, Joyeuse, épée de Charlemagne, et Escalibor (**EXCALIBUR**), épée du roi **ARTHUR**.

ERRANT

Un chevalier errant est un chevalier solitaire.

Les héros du **CYCLE BRETON** sont souvent des chevaliers solitaires qui « errent » à la rencontre de nobles causes à défendre. Pour les distinguer, leur **ARMURE** et leur **BOUCLIER** sont recouverts d'un tissu vert.

Au Moyen Âge, ces chevaliers légendaires inspirent certains jeunes gentilshommes qui choisissent de partir à l'aventure sur les routes d'Europe. Ce sont des chevaliers qui gagnent leur vie en disputant des **TOURNOIS** ou en louant leurs services à un **SEIGNEUR** en guerre. Ils sont en général accompagnés d'un **ÉCUYER**. L'un d'eux est demeuré célèbre pour avoir gagné beaucoup d'argent dans les **JOUTES** à cheval : Ulrich von Liechtenstein.

EXCALIBUR

C'est l'ÉPÉE magique
du roi ARTHUR.

Contrairement à une idée reçue
bien ancrée, Excalibur n'est
pas l'épée que le jeune Arthur
arrache à son rocher le jour des
funérailles de son père. C'est une
épée magique qui lui est offerte
par la mystérieuse Dame du lac.
En lui offrant cette arme, la fée
Viviane, puisque c'est d'elle qu'il
s'agit, le rend pratiquement invin-
cible. Avec Excalibur, il ne peut

être blessé : le plus terrible des
coups ne peut lui faire couler
qu'une seule goutte de sang.
Pourtant, la magie ne s'exerce
pas toujours puisqu'il est mortellement blessé à la bataille de
Camlann. Il demande alors à
Girflet, son dernier serviteur, de
jeter Excalibur dans un lac. Par
deux fois, l'épée jetée revient
aux pieds de Girflet. Ce n'est qu'à
la troisième tentative qu'une
main sort de l'eau et s'empare de
l'arme. Par trois fois, la main
brandit Excalibur pour saluer le
roi agonisant. L'arme magique
venait de l'Autre Monde, le pays
des fées, de la magie et des sor-
ciers, elle doit y retourner.
L'épée d'Arthur, dans la tradition
celtique, s'appelle Caledwitch. On
peut imaginer que son nom
actuel vient du latin *caliburnus*,
qui signifie « tranche le fer ».

FÉODALITÉ

Organisation de la société
caractérisée par l'existence
des FIEFS et des SEIGNEURS.

Entre 843 et 987, le pouvoir royal
perd de sa puissance. Affaiblis au

sud par les **SARRASINS**, au nord par les Vikings, les rois de France ne gouvernent plus que les régions autour de Paris et Orléans. Chaque seigneur prend alors du pouvoir dans son propre territoire (son fief) : c'est le début de la féodalité. Nombre de châtelains tiennent leur fief d'un seigneur plus puissant. En échange, ils lui jurent fidélité.

Dans son fief, le seigneur a un droit de ban (il peut recruter des soldats), des pouvoirs de police et de justice sur tous les hommes qui habitent sur son territoire. Des corvées comme l'entretien de la forteresse ou des chemins, des impôts comme la taille, des taxes sur l'usage obligatoire du moulin, du pressoir ou du four seigneurial frappent villageois et paysans.

Bientôt, cette dépendance paysanne à l'égard du seigneur devient héréditaire : les paysans deviennent des serfs.

Les chevaliers sont à la base du système féodal. C'est pour leur permettre de ne se consacrer qu'à leur activité de chevalier (guerre et **TOURNOI**) que la société crée les fiefs qui leur assurent les moyens de ne toucher ni au travail ni au commerce.

FESTIN
(VOIR LE FESTIN PP. 60-61)

> C'est l'occasion d'une fête au château.

Au Moyen Âge, la vie au château n'est pas morose. Dans l'année, il y a plus de 100 jours de fête. Mis à part l'été où l'on travaille beaucoup aux champs et où l'on fait la guerre, toutes les occasions (fêtes locales, religieuses) sont bonnes pour festoyer.

La grande salle du château est le théâtre des réjouissances. On installe tables et fauteuils pour les invités de marque, bancs et tréteaux pour les autres. Les convives arrivent après s'être lavé les mains, car on mange avec les doigts (la fourchette à deux dents n'apparaît qu'à la fin du XIIe siècle). Le seigneur dit une prière pour bénir le repas.

Les premiers plats arrivent. Ce sont des plats de viande, sauf pendant le carême durant lequel on consomme les poissons des rivières ou des mares environnantes. La viande est rôtie ou bouillie, accompagnée de sauces chaudes ou froides fortement épicées.

LE FESTIN

Son hanap (verre)
à la main,
le **SEIGNEUR**
déguste du vin
aromatisé en
contemplant
les jongleurs occupés
à danser, à faire
des acrobaties
ou à raconter
des balivernes.

Ce jeune **PAGE**
deviendra peut-être
chevalier ;
en attendant,
il coupe la viande
sur un tranchoir
(large tranche
de pain noir servant
d'assiette et de
planche à découper).

Un **JONGLEUR**

Un montreur
d'**OURS** fait
danser l'animal
en tapant dans
ses mains. Celui-ci
peut tenir sur
ses pattes arrière
ou sur celles de
devant. L'ours est
intelligent, mais
dangereux : il porte
une muselière
et est tenu par
une chaîne de
métal par mesure
de sécurité.

Un **MÉNESTREL**
se prépare à venir
charmer
l'auditoire.
Il chantera
de la poésie en
s'accompagnant
d'un rebec.

(suite FESTIN)

Peu de légumes agrémentent les plats d'hiver et de printemps car les jardins sont vides : pommes de terre et tomates ne sont pas encore connues. En revanche, on mange beaucoup de pain (1 kg par jour). Le vrai dîner est constitué de « chair » de porc, de bœuf, de volaille et de gibier. Ce sont les PAGES qui ont l'honneur de la découpe. Ils disposent les morceaux de viande sur les tranchoirs, larges tranches de pain dur qui servent d'assiettes. Souvent, on mange à deux ou à trois sur un même tranchoir, qui sera donné en pâture aux animaux ou aux pauvres à la fin du repas.

On accompagne le tout de boissons fermentées comme la pommade, un ancêtre du cidre, ou l'hydromel (breuvage à base de miel fermenté et d'eau). Le vin est rare et mauvais, on le boit mélangé à du miel. Les desserts sont préparés avec du miel et des fruits car le sucre est rare.

Entre les plats, des JONGLEURS, des bateleurs ou des MÉNESTRELS viennent égayer les convives. On rit, on parle beaucoup. Des chansons sont reprises en chœur par toute l'assemblée. Les festins peuvent durer de longues heures.

FIEF

C'est le territoire administré par le SEIGNEUR. Celui-ci se doit de protéger les habitants qui s'y trouvent et prélève en échange un certain nombre d'impôts.

La FÉODALITÉ est née de la distribution de la terre entre les seigneurs. Le territoire qu'ils gouvernent s'appelle le fief. Il leur est légué par un SUZERAIN. Le seigneur n'est pas propriétaire de son fief (c'est toujours le suzerain), mais il profite de toutes les richesses qui y sont produites (céréales, animaux, fruits…).

La vie du fief, divisé en paroisses (l'équivalent de nos communes actuelles), tourne autour du château du seigneur : c'est pourquoi

on parle aussi de châtellenie. Les fiefs ne sont pas tous d'égale importance, mais ils se composent en moyenne d'une douzaine de paroisses.

FLÉAU D'ARMES

Arme servant à assommer l'adversaire.

Le fléau d'armes compte parmi les armes secondaires du chevalier. Il s'agit d'une boule de métal hérissée de pointes, accrochée à l'extrémité d'une chaîne reliée à un manche de bois. Il peut peser jusqu'à 6 kg. Le chevalier fait tourner la boule dans les airs et tente d'assommer ses adversaires. Le maniement de cet engin est très dangereux car, si le geste est mauvais, la boule peut frapper le propre casque du chevalier.

FOSSÉ

Beaucoup de CHÂTEAUX FORTS sont entourés de fossés profonds, qu'on appelle également les douves. Contrairement à une idée reçue, ils sont rarement pleins d'eau. Seuls les châteaux arrosés par une rivière voyaient leurs fossés remplis. Le fossé, qu'il soit plein ou non, rend impossible l'utilisation des échelles et des BEFFROIS en cas d'attaque ennemie. Privés de végétation, ces fossés ne permettent pas à l'assaillant d'avancer caché. La rive intérieure de la douve s'appelle l'escarpe et le bord extérieur, la contrescarpe.

GALAAD

C'est le fils de LANCELOT DU LAC.

Moins connu que son père ou que PERCEVAL LE GALLOIS, Galaad incarne pourtant le chevalier parfait. C'est lui, le héros « chaste et vierge » qui est digne de s'asseoir sur le « siège périlleux » de la TABLE RONDE. Ce siège attend le chevalier le plus pur du monde. Tous ceux qui l'ont essayé avant lui ont été éjectés dans l'abîme. C'est aussi lui qui réussit à mener à son terme la difficile quête du GRAAL. Accompagné de Perceval et de Bohort, vieux cousin de Lancelot, il parvient à contempler le

Saint-Calice, la coupe qui a reçu le sang de Jésus-Christ et qui a des pouvoirs magiques. Il était dit que seul un chevalier parfait parviendrait à voir ce qu'il contient. Ce triomphe le conduit à sa perte puisque, ne pouvant revenir à la vie terrestre après l'extase que lui procure la contemplation du Graal, il meurt sans livrer le secret de sa vision. Personne ne saura jamais ce qu'il y a vu.

GAMBISON

Vêtement de corps.

Le gambison est un habit très épais que le chevalier revêt avant d'enfiler sa COTTE DE MAILLES.

Il est généralement en cuir, parfois rembourré avec du crin pour protéger la peau du contact avec le métal des mailles de son HAUBERT.

GANTELET

Élément de l'armure protégeant les mains.

Lors des combats, le chevalier doit avoir ses mains protégées. Pour cela, il enfile des gantelets. Ce sont des gants de peau très résistants, recouverts de lames de fer qui remontent sur l'avant-bras et recouvrent les manches du **HAUBERT**. Avant l'apparition des gantelets, les chevaliers portaient des mitaines de mailles de fer, protégeant la paume de la main mais pas le bout des doigts. Ces mitaines permettaient un meilleur contact avec l'arme, mais les doigts coupés et les blessures infectées à la main se révélaient très handicapants.

GAUVAIN

L'un des chevaliers de la **TABLE RONDE**.

Gauvain est le fils du roi Lot d'Orcanie, l'un des barons révoltés contre Arthur. Il se joint néanmoins à la troupe royale et désire être fait chevalier par Arthur lui-même. Trop heureux de se faire un allié du fils de l'un de ses ennemis, Arthur met **EXCALIBUR** au ceinturon de Gauvain. Plus tard, la légende rapporte qu'il sera le seul, avec le roi **ARTHUR**, à s'être servi d'Excalibur. Le bouillant Gauvain devient l'un des meilleurs lieutenants d'Arthur et contribue grandement à la victoire sur les Saxons. C'est à lui que revient l'honneur de prononcer le serment des chevaliers de la Table ronde. Mais, malgré ce serment qui leur interdit de se battre entre eux, Gauvain défie **LANCELOT** et meurt de sa main. Il est persuadé que Lancelot a tué son frère par traîtrise. Juste avant de mourir, il se rend compte de son erreur et demande à Lancelot de lui pardonner. Sur sa tombe, il fait écrire : « Ci-gît Gauvain que tua Lancelot du Lac par la faute de Gauvain. » De la date de son ralliement jusqu'à sa mort, Gauvain aura servi Arthur aveuglément. Il est le symbole de la fidélité à son roi.

GESTE

Grand poème épique du Moyen Âge.

De la même manière que l'on parle du **CYCLE BRETON**, on parle également de la geste de Guillaume d'Orange ou de la geste du Roi (Charlemagne). La geste est l'ensemble des poèmes épiques qui racontent les exploits d'un même héros. On dit aussi chanson de geste, qui a la même signification, mais rappelle qu'à l'époque toute la poésie était chantée.

GRAAL
(OU SAINT-GRAAL)

Nom donné au vase sacré qui aurait contenu le sang de Jésus-Christ.

Le Graal est l'un des éléments fondamentaux du **CYCLE BRETON**. Lorsqu'il réunit ses apôtres, Jésus les invite à boire dans un calice un vin censé représenter son sang. C'est dans ce même vase que Joseph d'Arimathie recueille le sang des plaies de

Jésus-Christ lorsqu'on le descend de sa croix. C'est grâce à la magie du Graal que Joseph parvient à survivre dans les prisons de Jérusalem. En effet, ce vase sacré lui procure par enchantement nourriture et boissons.

Longtemps après la mort de Joseph, les chevaliers de la **TABLE RONDE** se disputent l'honneur de le contempler. C'est à ce moment que débute la fameuse quête du Graal. On parle de quête pour exprimer le fait que les chevaliers vont consacrer toute leur énergie à ce but.

Le Graal est gardé dans le château de Corbenic, mais les visiteurs qui sont admis à le voir doivent être touchés par la grâce divine, sinon ils ne voient rien. Ainsi Gauvain, fidèle à sa réputation de coureur de jupons, laisse son œil vagabonder sur la beauté de la porteuse du Graal. Lorsque son tour vient d'admirer les merveilles du Graal, il ne voit rien.

Le vase sacré apparaît sous différentes formes aux rares élus qui ont la chance de le contempler. Certains voient un calice, d'autres une chandelle.

Parmi les chevaliers de la Table ronde ayant eu accès au Graal, seul **GALAAD** le pur parvient à

en admirer les « ultimes secrets ».
PERCEVAL et Bohort, comme Gauvain avant eux, resteront dans l'ignorance. Fasciné par les merveilles qu'il contemple, Galaad meurt en extase et emporte son secret dans la tombe, car, depuis, « langue ne saurait dire, plume ne saurait écrire les repostailles sacrées du Graal ».
Un célèbre film anglais conte de manière burlesque les aventures des chevaliers de la Table ronde et du Saint-Graal : *Monty Python sacré Graal*.

GUENIÈVRE
(VOIR L'AMOUR COURTOIS PP. 68-69)

La femme du roi **ARTHUR**.
Son nom anglais *Guinevere* vient du gallois *gwenhwyfar*, qui signifie « blanc fantôme ».

Guenièvre est la fille de Léodagan, le roi de Carmelide. Contre l'avis de **MERLIN** qui connaît l'amour de Guenièvre pour **LANCELOT DU LAC**, Arthur demande sa main et l'épouse.

67

L'AMOUR COURTOIS

(miniature du XVe siècle)

(suite GUENIÈVRE)

De nombreuses mésaventures jalonnent la vie de la jeune femme. Un jour, Méléagant, un redoutable chevalier, vient défier Arthur. Un duel a lieu. Keu le Sénéchal, qui se bat pour le compte d'Arthur, est vaincu. Méléagant emporte Guenièvre qui était l'enjeu du duel. C'est Lancelot, l'amant de cœur de la reine, qui la délivre.

Le couple que forment la reine et le chevalier n'est pas légitime, pourtant il est le symbole de l'AMOUR COURTOIS. Pour tenter de comprendre, il faut savoir que les mariages ne sont en général qu'un contrat financier entre deux familles, duquel l'amour est souvent absent. Les lecteurs des romans d'amour courtois ne sont donc pas choqués par le sentiment qui naît entre Guenièvre et Lancelot. Ce pur amour sera, hélas, la cause de la fin des chevaliers de la TABLE RONDE. En visite chez sa sœur MORGANE, Arthur est invité à se reposer dans la chambre qu'a occupée Lancelot avant lui. Il découvre sur les murs des dessins et des écrits de Lancelot exprimant tout l'amour qu'il éprouve pour Guenièvre. Le témoignage est accablant, la reine est arrêtée.

Lancelot la délivre et tue le frère de son meilleur ami GAUVAIN. C'est la fin de la fraternité des chevaliers de la Table ronde.

Pour finir, c'est encore à cause de Guenièvre qu'Arthur déclenche la bataille finale qui sera le théâtre de sa mort. Alors qu'il est parti guerroyer, MORDRET, son fils renégat, s'empare du trône et force Guenièvre à l'épouser. Arthur revient et une bataille sans merci s'engage dans laquelle tous mourront. Guenièvre prend le voile et se retire dans l'abbaye d'Amesbury. La légende place sa tombe à côté de celle d'Arthur, à Glastonbury. La mort semble avoir réconcilié les deux époux.

HACHE

Arme servant à décapiter.

Dans l'équipement du chevalier, la hache est une arme certes secondaire, mais assez terrible. Sa lame possède une douille en forme de cylindre creux dans laquelle on enfonce un fort manche. Elle est très coupante et sert à frapper la tête de son adversaire. Dans la furieuse mêlée des combats du Moyen Âge, certains chevaliers la manient avec dextérité. À la bataille de Bannockburn, en 1314, Robert Ier Bruce fendit le crâne de douze chevaliers anglais !

HARNOIS

Ce mot vieilli, qui a donné le mot « harnais », est un synonyme d'ARMURE. Il désigne l'équipement intégral de protection des hommes et des chevaux.

D'abord très malcommode car formé de lourdes pièces rigides, le harnois devient peu à peu plus adapté aux mouvements du chevalier. Le travail du métal progresse. On réalise des protections plus légères et moulées à la forme du corps du combattant. Au XVe siècle, les maîtres armuriers possèdent une parfaite technique dans l'assemblage de plaques de métal mobiles : les armures métalliques permettent tous les mouvements de torsion et de flexion grâce à des lanières intérieures et à des rivets de fixation. Cet ensemble entièrement métallique est baptisé « harnois blanc ».

On retrouve ce mot dans quelques expressions comme « blanchi sous le harnois », qui veut dire avoir été usé par le travail, et « endosser le harnois », qui signifie débuter dans la carrière militaire et, par extension, débuter dans une profession.

71

HAUBERT

Plus connu sous le nom de **COTTE DE MAILLES**.

Les chevaliers revêtent cette tunique dès le XIe siècle. C'est une chemise composée d'anneaux métalliques entrelacés. Descendant pratiquement jusqu'aux chevilles, elle est fendue pour permettre de monter à cheval. Elle possède des manches, un capuchon et une partie protégeant le cou (le gorgerin). Le haubert pèse une douzaine de kilogrammes. Pour ne pas être blessé par les mailles de son haubert, le chevalier porte en dessous un habit très épais, le **GAMBISON**. Par-dessus le haubert, il enfile une chasuble en tissu léger, le **SURCOT**.

HEAUME

Grand casque.

À partir du XIIe siècle, le casque tend à envelopper toute la tête et le visage. Il est d'abord pointu afin de dévier les coups de **HACHE** et d'**ÉPÉE** qui glissent dessus sans l'entamer. Le nez est protégé par une pièce de métal. Pour éviter les blessures au visage, le casque se ferme et prend une forme cylindrique percée de fentes transversales pour la vue et la respiration. C'est un casque stable qui est attaché au **HAUBERT** par un lacet de cuir, ce qui du coup empêche le chevalier de tourner la tête. Il est souvent décoré aux couleurs du chevalier. Au début du XIVe siècle apparaît le heaume à visière, le **BASSINET**, plus léger et plus mobile (on peut tourner la tête).

Le casque est le seul élément de l'**ARMURE** du chevalier à avoir survécu. De nos jours, les militaires au combat en sont encore équipés.

HÉRALDIQUE

C'est la science qui étudie les **BLASONS** et les **ARMOIRIES**.

L'héraldique date de la seconde moitié du XIIe siècle. Elle établit l'identité d'un chevalier au moyen de signes, de symboles et de dessins qui forment son blason. Celui-ci se trouve en général peint sur l'**ÉCU** du chevalier. On peut noter que la science héraldique naît avec l'apparition des **HEAUMES** fermés, ce qui tend à démontrer que le premier but de cette pratique est bien de savoir qui se tient sous l'**ARMURE**.
Ensuite, l'héraldique devient un système de signes complexe qui permet de mettre en avant le lignage, c'est-à-dire l'histoire de la famille du détenteur du blason et les symboles qui le caractérisent. Très vite, les blasons deviennent héréditaires et ne subissent que quelques variations. L'héraldique devient donc l'histoire des familles...

HERSE

Grille monumentale placée entre le **PONT-LEVIS** et la porte du château. Elle est le plus souvent en bois, renforcée par des parements de fer et d'énormes clous.

73

La herse est placée dans le **CHÂ-TELET** d'entrée du **CHÂTEAU FORT**. Elle est actionnée grâce à des chaînes qui s'enroulent autour d'un treuil. Ce système permet d'abaisser très rapidement la grille en cas de besoin. Dans les grands châteaux, on peut compter deux herses distantes de quelques mètres qui permettent de prendre l'ennemi au piège.

HONNEUR

C'est le maître mot de la vie du chevalier. Tout le système féodal (voir **FÉODALITÉ**) repose sur la dignité des hommes et de la parole donnée. L'**ADOUBEMENT**, mais aussi la cérémonie de l'hommage (voir **VASSAL**), sont des moments où le chevalier engage son honneur. Le monde des chevaliers n'est pas intéressé par l'argent. Celui-ci n'a qu'une importance secondaire, il n'est nécessaire que pour subvenir à ses besoins.

L'honneur est aussi ce qui guide le chevalier combattant. Le but recherché d'un **COMBAT** est la victoire, pas nécessairement la mort de l'adversaire. Il faut vaincre, mais pas n'importe comment. L'**ARC** et l'**ARBALÈTE** sont indignes du chevalier, car ils frappent l'ennemi par surprise et de loin. La haine est bannie du cœur du chevalier. Son adversaire est un noble comme lui, il le respecte et tente en toutes circonstances de rester digne.

Dans *Le bocage royal*, le poète Ronsard écrit :

> « Lors l'Honneur qui volait
> dessus les camps armés,
> Les rendait vivement
> aux armes animés,
> De sorte que chacun
> avait plus grande envie
> De la mort, que sauver
> honteusement sa vie,
> Et plutot désirait
> à la guerre mourir,
> Que vivre en sa maison
> sans louange acquérir. »

HOSPITALIERS

ORDRE DE CHEVALERIE datant des **CROISADES**.

À l'origine, les Hospitaliers, de leur vrai nom Chevaliers de Saint-Jean-de-Jérusalem, s'organisent

manière des moines dans les monastères. Ils ne s'autorisent ni le gain ni la paresse. Leur emprise sur les Lieux saints dure cent cinquante ans au cours desquels ils vont construire de nombreuses forteresses comme le **KRAK DES CHEVALIERS**. Chassés de Terre sainte par les Égyptiens en 1271, ils s'établissent d'abord sur l'île de Rhodes, en Méditerranée. Délogés par les Turcs, ils élisent domicile dans une autre île méditerranéenne, Malte, dont ils prennent le nom. Ce sont désormais les Chevaliers de l'ordre de Malte.

HOURD

(VOIR UN CHÂTEAU FORT PP. 90-91)

> Constructions en bois protégeant le haut des murs du château.

Les hourds forment un balcon en haut des tours et des murs. Ils permettent d'être au-dessus du pied des murailles et d'expédier, sur ceux qui s'y aventurent, de l'eau, du sable brûlant et toutes sortes de projectiles. Mais, malgré les peaux humides qui les

pour venir en aide aux pauvres et aux malades qui affluent en Terre sainte (la région de Jérusalem). Leur ordre est créé en 1100. Ils sont vêtus d'un **SURCOT** noir orné d'une croix blanche placée sur le cœur.
Ce sont des moines-chevaliers, c'est-à-dire qu'ils observent des principes de vie rigoureux, à la

recouvrent, les hourds en bois sont vulnérables face aux flèches enflammées. Peu à peu, ils sont remplacés par les **MÂCHICOULIS**, bâtis en pierre.

INFIDÈLE

Celui qui n'a pas la même religion que soi.

Dans la bouche des chrétiens, le terme « infidèles » désigne tous ceux qui ne sont pas chrétiens, et notamment les musulmans.
Pour les musulmans, c'est le contraire : les chrétiens sont des infidèles.
À l'époque des chevaliers, les peuples arabes, à majorité musulmane, sont aussi appelés Maures ou **SARRASINS**.

JACQUERIE

Révolte paysanne.

Au milieu du XIVe siècle, des révoltes éclatent dans les campagnes. Les paysans, accablés par les impôts et confrontés à la misère, se révoltent contre les **SEIGNEURS** de la région de Beauvais.
Le temps glorieux des chevaliers se meurt. Les seigneurs ne se comportent plus en protecteurs bienveillants. Ils sont devenus des propriétaires terriens exigeants avec la paysannerie. On baptise ces insurrections jacqueries car le mot « jacques » est un synonyme moqueur de « paysan ». Le soulèvement s'achève dans un bain de sang. Les jacques sont exterminés par le roi de Navarre, Charles II le Mauvais.

JEANNE D'ARC

Dite Jeanne la Pucelle, elle est la première femme à revêtir l'**ARMURE** de chevalier. Cette audace sera l'une des causes de sa mort.

Jeanne naît au début de l'année 1412 à Domrémy, en Lorraine. À cette époque, la France est dans une situation catastrophique. Deux camps se disputent le trône : les Anglais, alliés au duché de Bourgogne, d'un côté, et les Français, soutenus par les Armagnacs, de l'autre. Les Anglais sont maîtres de tout le nord du royaume, mais les habitants de Domrémy sont restés de farouches partisans des Français.

Jeanne a seize ans. La jeune bergère est très pieuse et prétend parler à Dieu. Des voix venues du ciel lui commandent de « bouter l'anglois hors de France » (chasser les Anglais de France). Convaincue d'être investie d'une mission divine, elle réussit à convaincre le duc de Lorraine et le seigneur de sa paroisse de lui confier des hommes d'armes pour aller rejoindre les troupes françaises. Il lui faut maintenant persuader le Dauphin (le prétendant à la couronne) qu'elle est celle qui va sauver le royaume. La rencontre a lieu le 8 mars 1429. Au milieu d'une assemblée de 300 personnes, elle se dirige vers le futur roi qu'elle n'a pourtant jamais vu. D'abord incrédule, il se laisse finalement convaincre par Jeanne. Il lui confie un régiment à la tête duquel elle se rend à Orléans qu'elle délivre les 6, 7 et 8 mai 1429. Les Anglais, effrayés, se jettent par centaines dans la Loire où ils se noient. Du haut de son mètre cinquante-huit, Jeanne commande à tous les hommes. Commence alors une marche triomphale vers Reims où elle veut faire couronner le Dauphin. À la tête de l'armée, elle terrasse les Anglais dans la plaine de Patay et leur reprend Troyes et Châlons.

Le premier objectif de Jeanne est atteint. Le Dauphin est couronné en la cathédrale de Reims. Il devient roi sous le nom de Charles VII. Jeanne désire maintenant reprendre le combat contre les Anglais.

Hélas, le tempérament peureux du roi empêche la Pucelle d'agir

à sa guise. Il la retarde et ce n'est que le 8 septembre qu'elle fait le siège de Paris. C'est un échec. Le camp anglais qui était à la dérive a repris de la force. Dans une escarmouche, Jeanne est faite prisonnière par Jean de Luxembourg, un seigneur bourguignon. Charles VII l'abandonne, il ne fait rien pour la délivrer.

L'évêque de Beauvais, Pierre Cauchon, la rachète et décide de la juger. Au terme d'un procès injuste qui se déroule à Rouen, ville occupée par les Anglais, Jeanne est accusée d'avoir revêtu des habits d'homme, ce qui en fait une sorcière, une hérétique. C'est au nom de ce prétexte insignifiant qu'elle sera condamnée et brûlée vive le 30 mai 1431.

JONGLEUR

Artiste itinérant.

Depuis le XVIe siècle, le mot « jongleur » a le sens que nous lui connaissons aujourd'hui. Mais au XIIe siècle, le jongleur est un amuseur. On retrouve cette idée dans l'origine latine du mot, *joculator*, qui signifie « le rieur, le plaisantin ». Les activités artistiques ne sont pas cloisonnées et le jongleur est un artiste complet : musicien, chanteur, conteur, acrobate, mime, danseur, magicien, montreur d'animaux. Il a souvent l'image d'un vagabond mal considéré, vendant ses talents à qui veut bien le payer, ne serait-ce que d'une aumône. Une très grande habileté à l'instrument ou un grand talent de conteur peut distinguer un jongleur de ses confrères et lui permettre d'accéder au rang de MÉNESTREL.

Ces artistes sont très importants dans la vie de l'époque. Non seulement ils distraient, mais ils sont, en plus, les porteurs de nouvelles, les raconteurs d'histoires. Les journaux n'existent pas, la radio non plus. L'information et la culture se transmettent surtout par le bouche à oreille, les jongleurs sont des éléments principaux de cette transmission.

JOUTE

(VOIR UN TOURNOI PP. 80-81)

Combat singulier
entre deux chevaliers.

De tous les affrontements qui opposent les chevaliers dans un TOURNOI, la joute est le plus spectaculaire. Il s'agit d'un combat singulier, c'est-à-dire à un contre un, à CHEVAL avec une LANCE. Les deux adversaires se présentent dans la LICE (espace clos), face à face, de part et d'autre d'une barrière en bois.

Le but du jeu est de désarçonner l'adversaire, de lui ôter son HEAUME ou de briser sa LANCE sur lui. Le duel finit souvent par un combat à pied.

La joute a des règles strictes et un arbitre. Il est notamment interdit de blesser le cheval adverse, de frapper sous la ceinture, de jouter avec toute la lance (on ne doit utiliser que la pointe).

La joute peut prendre deux formes : la joute à plaisance, avec un décompte de points qui donne le vainqueur, et la joute à outrance, par laquelle seule la mort de l'un des deux adversaires décide de la victoire.

La joute a ses champions, mais elle est dangereuse. Guillaume le Maréchal, surnommé le « meilleur chevalier du monde », défait 203 adversaires avant qu'un forgeron l'aide à retirer son casque déformé par les coups de ses concurrents ! Quant au roi de France Henri II, chevalier réputé, il reçoit un éclat de la lance du comte de Montgomery dans l'œil et meurt après onze jours d'agonie.

UN TOURNOI

La joute à plaisance ne doit pas se terminer par la mort du chevalier, aussi les lances sont-elles équipées d'un **EMBOUT ÉMOUSSÉ** qui ne pourra pas se planter dans l'armure.

La lourde lance de joute est terminée par une **FÉRULE POINTUE** qui permet de la planter dans le sol, pour reposer un peu le bras du chevalier.

Le **HEAUME**
du chevalier
est surmonté
d'un cimier en forme
d'animal ou, comme
ici, en panache.

L'**ÉCU**
du chevalier est
à la fois une arme
défensive qui
le protège des coups
de lance et
un moyen d'afficher
ses couleurs.
Sur ce bouclier
figurent les symboles
et insignes
qu'il a choisis.

KRAK DES CHEVALIERS

Forteresse du XIIe siècle construite par les **CROISÉS** en Syrie.

De 1142 à 1271, le krak est occupé par les **HOSPITALIERS**. C'est une citadelle haut perchée, protégée sur trois côtés par des pentes abruptes et par un fossé devant le quatrième côté. On y pénètre par un long tunnel.
Durant près d'un siècle et demi, elle résiste aux nombreuses attaques des musulmans. C'est le sultan d'Égypte qui réussit à la conquérir grâce à une ruse. Il envoie une fausse lettre aux chevaliers et fait passer sa troupe pour des croisés.

Le krak des chevaliers est l'un des châteaux les mieux conservés de l'époque des croisades.

LANCE

Arme de **JOUTE** ou de guerre.

La lance de joute est formée d'une hampe, longue perche en frêne ou en pin, mesurant entre 2,50 et 4,50 m. Elle se termine par une pointe conique ou triangulaire. Le chevalier la tient grâce à une poignée protégée par une garde en forme d'entonnoir. Cette poignée, terminée par le talon, possède une férule (une pointe d'acier) qui permet de la planter dans le sol quand le chevalier désire parler avec son adversaire.

Lors des joutes à plaisance, les pointes sont émoussées et non dangereuses, car la mort de l'adversaire n'est pas recherchée. La lance de guerre est beaucoup plus courte, entre 1,50 et 2 m, et possède une pointe très acérée.

LANCELOT DU LAC

Le plus valeureux des chevaliers de la **TABLE RONDE**.

Lancelot est le fils du roi Ban de Bénoïc et de sa femme Hélène. Dans sa plus tendre enfance, il est enlevé par une femme qui l'entraîne, sous les yeux de sa mère, au plus profond d'un lac. Cette Dame du lac est la fée Viviane. Elle élève Lancelot comme son propre fils dans un château merveilleux, au milieu du lac.

Lorsque Lancelot atteint ses dix-huit ans, la fée lui offre un **HAUBERT** tout blanc, un **HEAUME** en argent, un **ÉCU** couleur de neige. Puis, elle le conduit auprès du roi **ARTHUR** qui l'adoube (voir **ADOUBEMENT**). Lancelot est le plus beau, le plus vaillant, le plus honnête chevalier qui ait jamais existé. Le jour de la cérémonie, il rencontre pour la première fois la reine **GUENIÈVRE** : les deux jeunes gens tombent éperdument amoureux l'un de l'autre. Ce sentiment les conduira à leur perte. L'existence de Lancelot est semée d'embûches. Il sauve la dame de Nohant, soumet l'ambitieux Galehaut dont il devient l'ami, et conquiert le château de la Douloureuse Garde. Au terme de nombreux combats, il devient chevalier de la Table ronde. Souvent blessé, souvent prisonnier, le valeureux jeune homme reste très naïf. Un jour, il est abusé par Elaine, la fille du Roi Pêcheur, qui a pris l'apparence de Guenièvre et à qui il donne un enfant, **GALAAD**.

Plus tard, Lancelot provoque, du fait de son amour pour la reine, la colère du roi Arthur. Celui-ci veut la faire brûler vive. Ne trahissant jamais la parole qu'il a donnée à sa dame, Lancelot lutte pour la sauver, puis se retire dans un ermitage.

Lorsqu'il meurt, Lancelot est enterré auprès de son ami Galehaut. Sur leur tombe est écrit : « Ci-gît Galehaut, le seigneur des îles lointaines. Auprès de lui repose Lancelot du Lac qui fut le meilleur chevalier que l'on pût jamais rencontrer au royaume de Logres, hormis son fils, Galaad. » La figure légendaire de Lancelot est incarnée dans le valet de trèfle sur les cartes à jouer.

LICE

Espace où se déroulent les **TOURNOIS**.

La lice désigne, dans un premier temps, la palissade qui entoure le château féodal. Par extension, on parle de lice pour évoquer l'espace compris entre deux murs d'**ENCEINTE**. C'est le lieu où les chevaliers s'affrontent lors des tournois. La lice désigne donc, pour finir, le champ clos où se déroulent **JOUTES** et tournois.

MÂCHICOULIS

Balcon en pierre bâti en haut du mur d'**ENCEINTE**.

Souvent placées au-dessus des points stratégiques du château (portes et des **PONT-LEVIS**), ces constructions de pierre remplacent les **HOURDS** en bois à partir du XIIe siècle. On pratique dans le plancher des mâchicoulis de larges trous qui permettent de jeter sur les assaillants toutes sortes de projectiles. Ce peuvent être de l'eau ou de la poix bouillantes, du sable brûlant ou de la chaux vive. Contrairement à ce qu'on peut lire dans certains livres, on ne jette jamais de l'huile bouillante, car c'est une denrée rare et chère. Ces ouvertures trouvent une autre utilisation moins guerrière puisqu'elles servent de toilettes aux habitants du château !

MANGONNEAU

Engin de guerre
du type de la catapulte.

Comme un grand nombre d'engins de guerre, le mangonneau apparaît avec la construction des CHÂTEAUX FORTS en pierre. Son fonctionnement est proche de celui de la catapulte. Une grande verge centrale, terminée par une poche en cuir qui contient le projectile, est fléchie au moyen de cordages. Dès qu'on libère la tête de la verge, celle-ci se dresse et propulse le projectile comme le ferait une fronde. C'est un engin immense, de plus de 10 m de haut et pesant plusieurs tonnes. Il est transporté en pièces détachées pour être monté sur le champ de bataille.

MANTELET

BOUCLIER sur roue.

L'approche des murs du château est dangereuse car on se trouve à découvert et à portée de flèches. Pour se protéger, les assaillants s'abritent derrière des mantelets. Ce sont de grands boucliers rectangulaires en bois, d'environ 3 m sur 2, renforcés par des BARDES. Ces plaques de métal clouées résistent mieux que le bois aux flèches enflammées des assiégés. Les mantelets sont montés sur des roues et percés de fentes permettant aux archers d'expédier leurs flèches.

MÉNESTREL

Artiste de cour.

Parmi les JONGLEURS qui exercent leurs talents dans plusieurs disciplines comme l'acrobatie, la magie et la musique, certains se spécialisent dans deux domaines particuliers : le conte et la poésie. Ce sont les ménestrels. Dans le monde des chevaliers, souvent rustres et sans manières, ils sont

l'interprète des œuvres des autres. À l'époque médiévale, peu de monde sait lire. C'est grâce aux ménestrels que la culture littéraire va se répandre. La **GESTE** ou l'histoire des grands rois et des grands chevaliers est transmise grâce à eux.

MERLIN L'ENCHANTEUR

Magicien et devin, conseiller du roi **ARTHUR**.

La légende donne à Merlin des origines inquiétantes. Il serait le fils d'une chrétienne et du diable. Par chance, lorsqu'il naît au sud-ouest du pays de Galles, il est immédiatement baptisé. Ainsi, il ne sera jamais un sorcier maléfique. En revanche, il garde des pouvoirs exceptionnels : il peut changer d'apparence à sa guise, se transformer en beau chevalier ou en vieil ermite, en enfant pauvre ou en vilain bossu. Il peut également prendre la forme d'un animal ou d'une plante : pour faire rire ses amis, il peut se transformer en oiseau ou en chat ;

appréciés pour leur bel esprit et leur savoir-faire. Beaucoup d'entre eux n'errent plus le long des routes, car ils sont attachés à la cour d'un riche **SEIGNEUR**.
Le ménestrel est un auteur, un compositeur. Il s'accompagne d'instruments de musique tels la viole à roue ou le rebec pour chanter sa poésie ou dire des contes. Très vite, il devient aussi

quand il désire méditer ou quand il boude, il se transforme en grand chêne dans la forêt de Brocéliande. Son plus grand pouvoir réside dans sa capacité de lire l'avenir. Dans certaines légendes, on raconte qu'il vit une vie à l'envers, c'est-à-dire qu'il vient de l'avenir et sait donc tout ce qui va se dérouler.

Merlin est au centre de toutes les aventures vécues par les chevaliers de la **TABLE RONDE**. C'est d'ailleurs lui qui a offert la Table ronde en cadeau de mariage à Arthur et **GUENIÈVRE**. Il tire toutes les ficelles en secret. Sans jamais être vraiment aux côtés des chevaliers, il les protège et les préserve de la mort à l'aide de ses pouvoirs magiques.

Les mages ne sont pas à l'abri des passions amoureuses. Ainsi Merlin rencontre-t-il un beau jour une jeune fille merveilleuse dont il tombe amoureux. Elle s'appelle Viviane, elle est la Dame du lac. Au fur et à mesure que leur amour grandit, Merlin lui enseigne les secrets de la magie. Viviane est désormais une fée et, un soir que Merlin dort la tête sur ses genoux, elle trace neuf cercles concentriques autour de lui et dresse un mur d'air qu'il ne pourra jamais franchir. Merlin, évidemment, savait ce qui allait arriver, et c'est par amour qu'il accepte de devenir le prisonnier de celle qu'il aime. C'est la fin des enchantements de Merlin.

La forêt de Brocéliande « dont Bretons vont souvent fablant » est le cadre des aventures de Merlin et de Viviane.

87

MERLON

(VOIR UN CHÂTEAU FORT PP. 90-91)

Les murs d'ENCEINTE des CHÂ-TEAUX FORTS sont coiffés d'un parapet crénelé. Les parties pleines qui permettent aux soldats de s'abriter se nomment les merlons. Les parties creuses s'appellent les CRÉNEAUX.

MEURTRIÈRE

(VOIR UN CHÂTEAU FORT PP. 90-91)

Ouverture étroite et verticale dans le mur du château.

La meurtrière (ou ARCHÈRE) permet l'utilisation d'un ARC ou d'une ARBALÈTE. Elle se présente comme une fente verticale, étroite à l'extérieur, qui s'évase vers l'intérieur pour laisser suffisamment de liberté de mouvements à l'archer. Celui-ci se tient de côté pour ne pas être vu et ne se place au milieu que pour viser et décocher sa flèche. Ainsi embusqué, il ne risque pratiquement rien, même s'il arrive parfois que quelques tireurs d'élite adverses placent leurs flèches (ou leurs carreaux) d'arbalète dans la mince embrasure.

La forme de la meurtrière change avec l'arrivée d'armes nouvelles. Ainsi, à l'apparition de l'arbalète, les meurtrières deviennent cruciformes (en forme de croix) car l'arbalétrier tient son arme horizontalement. On parle alors de meurtrière à croix pattée.

L'usage des canons imposera plus tard le perçage de meurtrières arrondies permettant le passage de la bouche du canon.

MORDRET

Le fils du roi ARTHUR.

Dans la légende arthurienne, Mordret est un homme mauvais. Il incarne le chevalier félon, celui qui trahit, qui n'est pas fidèle à sa parole. Il est cupide, envieux et jaloux du courage de son demi-frère GAUVAIN. Il est le fils bâtard du roi Arthur.

Lorsque Arthur quitte la Bretagne pour poursuivre les Romains, Mordret s'empare du pouvoir et épouse GUENIÈVRE de force. Arthur revient et la terrible bataille de Camlann s'engage, au cours de laquelle la plupart des chevaliers de la Table ronde trouvent la mort. À l'issue de ce combat, le roi Arthur transperce de sa **LANCE** son fils renégat. Avant de mourir, Mordret frappe son père à la tête : le roi meurt des suites de cette blessure.

MORGANE

C'est l'un des personnages centraux du **CYCLE BRETON**. Fille d'Ygerne et du duc de Cornouailles, elle est la demi-sœur d'**ARTHUR** par sa mère.

C'est avant tout une femme jalouse et conspiratrice. Son amant, le chevalier Guyomart, lui préfère une vieille sorcière méchante. De dépit amoureux, elle retient prisonniers les deux amants dans une prison d'air. Cette prison se nomme le Val Sans Retour : tous les amants infidèles, ne serait-ce qu'en pensée, y sont retenus, jusqu'au jour où Lancelot, le très fidèle et très pur chevalier servant de Guenièvre, refuse de donner à Morgane l'anneau que la reine lui a confié... Cela lève le sortilège de Morgane, puisqu'il était dit qu'un seul amant fidèle à sa parole aurait le pouvoir de libérer tous les autres.

Plus tard, Morgane sera l'une des trois femmes qui emmènent Arthur, mortellement blessé, à **AVALON** à bord d'un bateau noir. Dès lors, elle devient la gardienne du tombeau d'Arthur. Prêtresse d'Avalon, l'île aux Pommes de l'Autre Monde, elle est souvent représentée avec une branche de pommier, emblème celtique de la paix et de l'abondance.

NOBLESSE

Le mot noblesse vient du latin *nobilis*, qui signifie « connu, célèbre ».

La noblesse est l'une des vertus du chevalier, mais elle représente aussi sa position sociale. Car ce terme a deux significations.
La noblesse est la qualité de celui qui est noble, c'est-à-dire de celui qui est au-dessus des autres par sa grandeur d'âme, sa hauteur de vue, sa générosité, son intelligence. En ce sens, la noblesse est la première des vertus du chevalier car elle est en quelque sorte un mélange de toutes les autres vertus (sagesse, bonté, dignité, élévation...).

UN CHÂTEAU FORT

L'espace situé entre l'enceinte intérieure et le donjon s'appelle la **BASSE COUR**.

Les **HOURDS** ont la même fonction que les mâchicoulis, mais ils sont en bois.

CRÉNEAU

MERLON

Placée à un angle de tour, cette tourelle s'appelle une **POIVRIÈRE**. Elle protège les archers et sert de toilettes publiques.

La plus haute tour du château s'appelle le **DONJON**. C'est souvent à l'intérieur que vivent le seigneur et sa famille.

Des **MÂCHICOULIS** de pierre habillent les créneaux pour protéger les soldats des tirs ennemis et leur permettre de toucher les assaillants au pied des murs.

Mais ce terme désigne aussi l'ensemble de toutes les familles nobles d'un pays. Au Moyen Âge, la société est divisée en trois états. La noblesse est le plus puissant des trois : c'est en son sein que sont choisis ministres, généraux et chefs de l'Église (évêques, abbés, etc.). Les deux autres états sont le clergé (les gens d'Église) et le tiers état (tout le reste de la population).

En France, la noblesse compte de nombreux titres nobiliaires qui sont classés ainsi (du plus humble au plus prestigieux) : le chevalier, le baron, le vicomte, le comte, le marquis, le duc, le prince et le roi.

La noblesse française domine la société pendant plus de mille ans, de Clovis à Louis XVI. Elle a de nombreux privilèges (que les autres états n'ont pas) comme chasser, porter l'ÉPÉE et la PARTICULE, prélever des impôts, posséder une terre (un FIEF) et les gens qui y vivent. On distingue la noblesse d'épée (les civils et les militaires) et la noblesse d'office ou de robe (les dignitaires de l'Église). Les nobles sont très attentifs à leur lignage, c'est-à-dire à l'ensemble de leurs ancêtres et de leurs parents. Le noble peut appartenir à la noblesse d'extraction (de naissance) ou peut avoir été anobli par le roi (si une personne est très méritante ou si elle a de quoi acheter son titre de noblesse).

OLIFANT

C'est le cor de ROLAND de Roncevaux.

Au VIIIe siècle, l'empereur Charlemagne se bat contre les SARRASINS installés en Espagne pour reconquérir l'empire de son grand-père, Charles Martel. Dans le défilé pyrénéen de Roncevaux, Roland, qui commande l'arrière-garde de l'armée, est surpris par l'ennemi. Pressentant la défaite, Olivier, son fidèle bras droit, lui conseille d'alerter au plus vite Charlemagne afin qu'il envoie des renforts. Celui-ci est déjà loin dans les montagnes mais, si on fait sonner l'olifant (corne de bœuf), il pourrait arriver à temps pour les sauver. Roland refuse car il veut combattre seul les Sarrasins (voir INFIDÈLE). « Mieux vaut mourir que de tomber dans la honte ! » crie-t-il en brandissant sa fameuse épée DURANDAL.

« Folie n'est pas courage ! » lui répond sagement Olivier. La bataille est violente. Les ennemis font des ravages dans la troupe. Une seconde fois, Olivier supplie Roland d'alerter Charlemagne mais, une seconde fois, celui-ci refuse. Bientôt, il se retrouve seul face aux ennemis. Olivier et tous les autres soldats sont morts. Comprenant son erreur, Roland approche des lèvres son olifant et fait ce qu'il a refusé de faire jusque-là : il sonne de toutes ses forces. Des accents prodigieux sortent du cor, répercutés à des lieues par les échos des montagnes, et parviennent jusqu'au gros de l'armée parmi laquelle chevauche Charlemagne.

« Ce cor a longue haleine, Roland est en péril ! » s'écrie Charlemagne, et il commande aussitôt à son armée de faire demi-tour. Il s'élance au grand galop pour venir au secours de l'arrière-garde. Roland sonne toujours, il sonne si fort que les veines de son cou se rompent et que le sang jaillit de sa bouche. Roland meurt sans laisser son épée Durandal tomber aux mains de l'ennemi.

ORDRE DE CHEVALERIE

Association de chevaliers soumis à une même règle.

Les ordres de chevalerie sont comme les ordres religieux. D'ailleurs, les premiers ordres sont des ordres de moines-chevaliers comme l'ordre du Temple (voir **TEMPLIERS**), l'ordre de Malte (voir **HOSPITALIERS**) ou l'ordre des chevaliers **TEUTONIQUES**. Les ordres de moines-soldats ont des objectifs communs : protéger et aider les pèlerins en voyage vers la Terre sainte. Malgré cela, ils se détestent. Une grande rivalité existe entre eux.

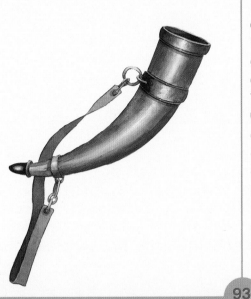

C'est Edouard III, le roi d'Angleterre, qui fonde le premier ordre de chevalerie, celui de la Jarretière, en 1347. Le roi Jean de France, son ennemi, l'imite et fonde l'ordre de l'Étoile en 1351. L'ordre le plus puissant et le plus riche est créé par le duc Philippe de Bourgogne, c'est l'ordre de la Toison d'or. Ces ordres sont dirigés par un grand maître élu par ses pairs (les autres chevaliers), et tous les membres prêtent serment.

De nos jours, des ordres honorifiques comme l'ordre de la Légion d'honneur ou celui des Palmes académiques utilisent les grades de ces ordres de chevalerie. On devient successivement chevalier, officier et commandeur de l'ordre.

ou de batailles. Au même titre que l'ÉCU (BOUCLIER) qui porte le BLASON du chevalier (ses signes distinctifs), les drapeaux arborent les couleurs de la famille : ils ont donc une grande importance symbolique et il existe de nombreux mots pour les désigner. Outre le drapeau, la bannière et l'oriflamme, on parle du gonfalon, de l'étendard, de la banderole, de la bandière, de la cornette, de l'enseigne, du fanion du guidon, du pavillon ou encore du pennon !

ORIFLAMME

Ce mot signifie flamme d'or. C'est l'autre nom de la BANNIÈRE.

Dans un premier temps, l'oriflamme est la bannière (drapeau de guerre) des rois de France. Puis, on utilise le terme pour parler des drapeaux de cérémonies

PAGE

Jeune gentilhomme placé au service d'un SEIGNEUR.

L'éducation du futur chevalier doit se faire en partie loin de sa famille, afin de découvrir le monde et de bien connaître les habitudes de son temps. Autour de sa dixième année, le jeune garçon est attaché au service d'un roi, d'un seigneur ou d'une grande dame en qualité de page. Il assure toutes les tâches d'un domestique, il sert de commissionnaire et se rend utile auprès de la dame du château.

Puis, à mesure qu'il grandit, ses occupations deviennent plus importantes. Il assiste de plus en plus souvent le seigneur, l'accompagne dans tous les moments de la vie. À table, il est bientôt chargé de trancher la viande et de servir le vin. Le soir, il aide le seigneur à se déshabiller, il lui sert d'adversaire aux échecs ou bien il lui joue de la musique. Dès que sa force le lui permet, il apprend la chasse et le maniement des armes au côté de son PARRAIN. Vers seize ans, il est prêt à devenir ÉCUYER.

PARRAIN
(VOIR L'ADOUBEMENT PP. 96-97)

Également appelé adoubant.

Lors de son ADOUBEMENT, le futur chevalier reçoit la COLLÉE de la main ou de l'ÉPÉE de son parrain. La cérémonie se déroule dans la demeure de celui-ci car, en général, c'est là que le chevalier a fait son apprentissage. D'abord PAGE puis ÉCUYER de son parrain, le jeune homme a longtemps séjourné auprès de lui. Des liens étroits se sont noués

L'ADOUBEMENT

L'adoubé, à genoux, prête serment
de fidélité au seigneur (XVe siècle).

(suite PARRAIN)

entre les deux hommes. Le parrain n'est pas seulement celui qui accueille l'adoubé dans l'ordre de la chevalerie, il est aussi un second père vers lequel le chevalier revient quand il a besoin de conseils, quand il cherche un refuge ou lorsqu'il veut fêter un heureux événement.

PARTICULE

Lorsqu'on évoque « la » particule, on fait référence à la préposition placée devant le nom des familles nobles : Godefroi de Bouillon, Bertrand du Guesclin, le chevalier des Essarts… Mais, contrairement à ce qu'on pense, la particule ne constitue pas en elle-même une marque de NOBLESSE. Ainsi, Jean le Rond d'Alembert, madame du Deffand ou la princesse de Clèves ne sont pas des nobles.

Les trois quarts des noms français à particule proviennent en fait de la bourgeoisie propriétaire. On les appelle par le nom de leur terre : par exemple, Jean de Miremont ou Pierre de la Tour du Pin. En revanche, de grandes familles historiques n'ont pas de particule. Elles s'appellent Bouchard (qui

sont ducs de Montmorency), Bezon (marquis et comtes du Périgord) ou encore Capet (princes de Bourbon, rois de France).

PÈLERIN

Le chevalier, comme tout chrétien, espère obtenir le pardon pour toutes ses mauvaises actions en partant en pèlerinage.

Le pèlerinage est un voyage vers un lieu saint, c'est-à-dire un endroit où se trouvent les reliques d'un saint (son cœur, un os…) ou des éléments de la vie de Jésus-Christ (un morceau de sa croix, un morceau de drap). Grâce à ce voyage, il obtient une indulgence. Il pense que ce document écrit, délivré par le pape ou par ses évêques, lui assure une place au paradis ou, plus modestement, lui permettra d'éviter l'enfer. Le salut de l'âme est une grande préoccupation de l'époque, mais ce n'est pas la seule. On part aussi en pèlerinage pour guérir d'une maladie, obtenir la guérison d'un proche, ou tout simplement pour visiter.

Les pèlerins se déplacent seuls ou en groupes. Ils portent des signes distinctifs qui indiquent leur destination : la coquille Saint-Jacques désigne les pèlerins qui se rendent à Saint-Jacques-de-Compostelle en Espagne, ceux allant vers Rome portent un morceau de tissu (symbole du Saint-Suaire), et ceux qui reviennent de Jérusalem un rameau (symbole du mont des Oliviers où Jésus a été arrêté).

Les routes de l'époque ne sont pas sûres. Pour protéger les pèlerins se rendant en Terre sainte, l'ordre des **TEMPLIERS** est créé. Très vite, l'ordre s'occupe aussi du transport et des visites. Ses membres escortent les pèlerins, les nourrissent et les abritent dans leurs monastères. Ce sont les premiers voyages organisés !

PERCEVAL LE GALLOIS

Élevé loin de la cour de **CAMELOT**, Perceval ignore tout de la vie de son temps : sa mère, traumatisée par le décès de son mari et de ses autres fils sur le champ de bataille, lui cache tout ce qui se rapporte aux armes et à la chevalerie. Mais, un jour, par hasard, il rencontre un groupe de chevaliers. Ébloui par leurs costumes, Perceval décide qu'il sera chevalier. Il se rend alors à la cour d'**ARTHUR** et se fait **ADOUBER**.

Perceval est un cœur pur et un honnête chevalier : il part lui aussi à la recherche du **GRAAL**. Hélas, ses écarts de conduite (c'est un coureur de jupons, toujours après les demoiselles !) ne lui permettent pas, lorsqu'il se trouve en présence du Graal, de le voir dans son entier et de tomber en extase comme **GALAAD**.

Les exploits de Perceval sont presque aussi fameux que ceux du célèbre **LANCELOT DU LAC**. Son histoire est racontée par Chrétien de Troyes, un grand auteur du Moyen Âge, dans un roman inachevé (*Perceval ou le Conte du Graal*, 1181), dont le cinéaste Éric Rohmer a tiré le film *Perceval le Gallois*.

C'est un élément décoratif, parfois un véritable bijou. Il peut être en or, contenir des pierres précieuses ou même des reliques de saints (voir **DURANDAL**).

POMMEAU

Tête arrondie de l'**ÉPÉE**.

Le pommeau termine l'épée au-dessus de la garde, permettant à la main de ne pas glisser lorsqu'elle donne un coup. Sa forme rappelle une pomme, d'où son nom. Pourtant, il n'est pas toujours sphérique et prend souvent la forme d'un losange.

PONT-LEVIS

Pont mobile.

Avec le **DONJON**, le pont-levis est l'un des puissants symboles du **CHÂTEAU FORT**. Il en interdit l'accès et garantit la sécurité des habitants. Le pont-levis est formé d'un tablier de bois mobile, très

baisser **PONT-LEVIS**. Pour faciliter les allées et venues, on construit de petites portes dans le mur d'**ENCEINTE** : les poternes.

Faciles à barricader en cas de **SIÈGE**, elles permettent d'entrer et de sortir discrètement de la forteresse.

C'est aussi le lieu des rendez-vous galants. Le chevalier rejoint sa belle à la poterne pour lui chanter un poème d'amour.

> « Je me perfectionne
> et m'affine sans cesse,
> car je sers et honore
> la plus belle,
> j'ose le prétendre,
> qui soit parmi les dames. »
>
> **Arnaud Daniel**

lourd, actionné par deux poutres formant un système de contre-poids. Relevé, il joue le rôle d'une porte ; abaissé, il s'appuie sur deux piles et permet le passage au-dessus de la **DOUVE** (le fossé).

POTERNE

Porte dérobée.

Sortir d'un **CHÂTEAU FORT** n'est pas simple : il faut ouvrir le lourd portail, lever **HERSES** (grilles) et

PREUX

Dans la légende **CHEVALERESQUE**, le terme « preux » désigne les meilleurs **CHEVALIERS**, les plus braves et les plus vaillants.

LANCELOT DU LAC est un preux chevalier car rien ne l'arrête. Il part au combat sans peur et sans arrière-pensées de profit ou de haine. Seuls commandent son **HONNEUR** et son devoir. Le preux chevalier se caractérise aussi par son honnêteté, la fidélité à la parole donnée. C'est un personnage transparent, sans zones d'ombre, qui ne se dérobe jamais devant la vérité (il ne ment pas) ou devant le danger (il ne fuit pas).

Le mot apparaît dans la **GESTE** de Charlemagne où on parle de « Charlemagne et ses preux ». *Dans La Chanson de Roland*, **ROLAND** est le preux, Olivier est le sage.

QUINTAINE

Cible servant à l'entraînement du chevalier.

La vie du chevalier n'est pas de tout repos. Pour être brillant dans les **TOURNOIS** ou dans les batailles, il doit s'entraîner très dur. L'une des épreuves les plus prestigieuses est la **JOUTE à CHEVAL**. Pour s'y exercer, le chevalier se sert d'une quintaine.

La quintaine est un mannequin de bois monté sur une perche qui pivote. Le mannequin possède un **BOUCLIER** d'un côté et un gourdin articulé (gros morceau de bois) ou une pierre attachée à une corde

de l'autre. Le cavalier s'élance : avec la pointe de sa **LANCE**, il doit percuter le bouclier de la quintaine. S'il y parvient, la quintaine pivote rapidement et le gourdin fait un tour complet. Si le chevalier ne fait pas bien le mouvement, s'il ne se méfie pas ou s'il va trop lentement, il reçoit un bon coup de gourdin sur la tête ou dans le dos !

REMPART

Mur crénelé.

Forte muraille levée de terre, le rempart forme l'ENCEINTE d'une forteresse ou d'une ville fortifiée. Coiffé d'un parapet crénelé (voir CRÉNEAU), il est percé de MEURTRIÈRES. La portion de rempart joignant deux tours successives s'appelle une courtine.

Par extension, le rempart est devenu dans le langage courant le symbole de ce qui s'oppose à une invasion. On parle de rempart contre la maladie ou contre l'ignorance.

RICHARD CŒUR DE LION

(1157-1199)

Le roi chevalier. Son véritable nom est Richard Ier Plantagenêt· roi d'Angleterre. Jamais personnage n'a autant frappé l'imagination que Richard Cœur de Lion. Poète, chevalier, homme de guerre, CROISÉ, cet homme, qui n'a passé que quelques années sur le sol anglais, a connu un destin extraordinaire.

Richard naît en Angleterre à la cour de son père Henri II Plantagenêt, mais il grandit à Poitiers, au milieu d'une cour très raffinée où se côtoient TROUBADOURS, musiciens et beaux esprits. Richard devient vite la coqueluche du palais. Il écrit des poésies et compose de la musique, ce qui ne l'empêche pas d'exceller dans le maniement des armes ! Il devient un redoutable chevalier qui va accomplir des prouesses dans les TOURNOIS et au combat.

Sa vie n'est qu'une succession de guerres interminables.

La première de ces guerres est celle qui l'oppose à son propre père, Henri II. Le frère aîné de Richard, Henri le Jeune, se dresse contre son père avec l'aide de Richard qui, dans un premier temps, combat à ses côtés.

Richard se ravise ensuite, change de camp et se rallie à son père. Il devient alors un chef de guerre redoutable et redouté. Ayant soumis une compagnie de 2 500 mercenaires qui mettaient à sac le Limousin, il en fait décapiter un tiers, fait noyer le deuxième tiers et fait crever les yeux des survivants à qui il laisse la vie sauve afin qu'ils racontent partout ce qu'est la colère de Richard !

Son frère Henri étant mort de dysenterie, Richard devient roi d'Angleterre au décès de son père, en 1189. À peine couronné, il s'embarque pour la **CROISADE**. Une guerre terrible contre les Ottomans qui occupent Jérusalem s'engage alors. Richard défait à plusieurs reprises les troupes du sultan Saladin.

Quand Richard revient sur ses terres, son frère Jean a pris les rênes du pouvoir et administre le royaume de façon honteuse. Il accable notamment les Anglais en les écrasant d'impôts : c'est de cette époque que datent les légendes de Robin des Bois et d'Ivanhoé. Hélas pour lui, Richard est fait prisonnier par le duc d'Autriche et ne sera libéré que quinze mois plus tard. Une fois libre, il remet de l'ordre dans son royaume et chasse son frère du trône. Il punit ensuite par l'**ÉPÉE** ceux parmi ses vassaux (voir **VASSAL**) qui n'ont pas contribué à sa libération. C'est ainsi qu'il se présente devant Châlus pour châtier Adhémar, vicomte de Limoges. Richard a prévenu, il sera sans pitié. Persuadé de sa victoire, Richard se promène autour du château de Châlus et Pierre Basile, un arbalétrier embusqué, lui expédie une flèche qui le tue. Richard confiera ses dernières volontés à sa mère accourue à

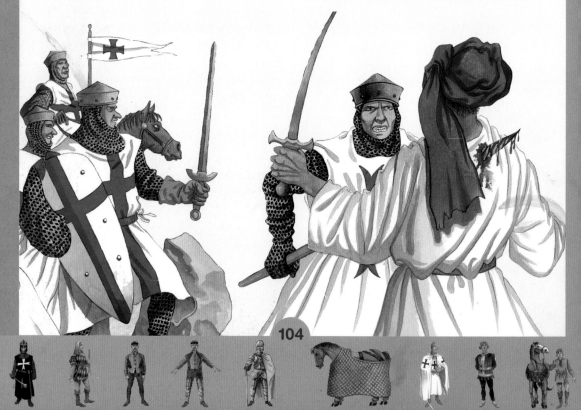

son chevet : « Que mon corps soit enterré à Fontevrault, mon cœur dans ma cathédrale de Rouen, quant à mes entrailles qu'elles restent à Châlus. »

ROLAND

On l'appelle aussi Roland de Roncevaux. Roland est l'un des personnages centraux du cycle de Charlemagne raconté dans *La Chanson de Roland*.

Comte de la marche de Bretagne, Roland est le neveu de Charlemagne. C'est un chevalier magnifique, fiancé à la belle Aude, la sœur de son fidèle ami Olivier. On ne sait que peu de chose sur sa vie, sinon les circonstances de sa mort devenue légendaire.

En 778, Charlemagne décide de poursuivre les SARRASINS en Espagne afin de reconquérir l'empire de son grand-père, Charles Martel. Pour cela, il fait passer son armée par le Pays basque. Victorieux des musulmans qu'il a repoussés derrière l'Èbre, il est obligé de revenir précipitamment en France à cause d'un soulève-ment saxon au nord de son empire. C'est lorsqu'il repasse les Pyrénées que l'épisode de la mort de Roland survient.

Resté avec l'arrière-garde de l'armée, Roland est attaqué par les Sarrasins embusqués dans le défilé de Roncevaux. Roland oppose une résistance farouche, mais il cède devant le nombre. Mortellement blessé, il souffle dans son OLIFANT pour alerter l'armée partie devant, mais Charlemagne ne l'entend que trop tard. Lorsqu'il arrive, Roland est mort, son épée DURANDAL a tranché une montagne en deux : on la connaît aujourd'hui sous le nom de brèche de Roland. Une autre légende raconte que Durandal a traversé les airs pour aller se planter au-dessus de la porte de l'église de Rocamadour.

ROTURIER

Sans **NOBLESSE**.

Le roturier est celui qui n'est pas noble. Ouvriers, artisans, paysans, commerçants, bourgeois, prêtres et militaires sans noblesse sont des roturiers. Il fallait un terme pour désigner le contraire du noble. C'est tout de même parmi les roturiers que sont choisis les premiers chevaliers. Aujourd'hui, ce mot a un sens péjoratif, surtout dans la bouche des aristocrates (de famille noble).

SABRE

ÉPÉE droite ou courbe à un seul tranchant.

Le sabre est une arme de combat, à pointe et à un seul tranchant plus ou moins recourbés, et dont la forme change selon le lieu et l'époque. Dans l'imagerie du **TOURNOI** médiéval, le sabre est une énorme épée dont les chevaliers se servent dans des duels. Heureusement pour eux et pour leurs casques, il est probable que les combattants n'ont jamais eu l'occasion de les manier. En effet, le mot « sabre » a été emprunté à la langue hongroise au XVII e siècle : les chevaliers du Moyen Âge ne s'en sont donc jamais servis. Ils avaient en revanche de longues et lourdes épées qui correspondent à l'image que nous avons des sabres.

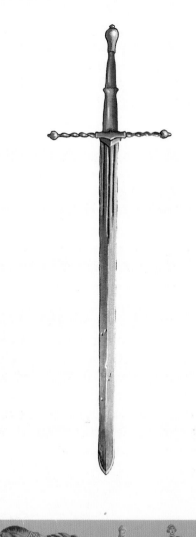

SAINT-JEAN-D'ACRE

Forteresse du royaume
de Jérusalem.

En 1104, les **CROISÉS** conquièrent
la ville d'Acre, en Palestine. Ils la
rebaptisent Saint-Jean-d'Acre et
de nombreuses batailles s'y déroulent. Cette ville fortifiée résis-
tera aux mamelouks, les guerriers
du sultan, jusqu'en 1291. Cette
ville est importante car c'est
la dernière à avoir résisté aux
musulmans.

SARRASIN

Au Moyen Âge, c'est un
synonyme de musulman.
Ce mot est dérivé du latin
sarraceni, nom d'un peuple
de l'Arabie.

Le terme a donné son nom à un
blé sombre, comme le visage
bronzé des Sarrasins.

L'Europe chrétienne se développe
contre la poussée des armées
musulmanes, les Turcs à l'est, les
Maures (qui est la traduction du
mot espagnol *Moro*) au sud. Dans
la **GESTE** de Charlemagne, les
musulmans sont appelés les Sarrasins.

SEIGNEUR

Celui qui administre un territoire,
le **FIEF**. Dérivé du latin *senior*,
« le plus âgé, l'aîné », son nom
devient vite synonyme de maître.

Le seigneur est le personnage
central de la vie du fief à l'époque
féodale. Ses pouvoirs sont très

grands : il a le droit de ban, c'est-à-dire qu'il peut recruter et commander des hommes pour aller à la guerre, et il peut aussi rendre la justice sur son territoire et lever des impôts (TAILLE, gabelle). Mais les activités du seigneur ne se limitent pas à l'administration de son fief. C'est avant tout un chevalier : il participe aux TOURNOIS et part souvent à la guerre pour épauler son SUZERAIN. Ses distractions favorites sont la chasse (qu'il a seul le droit de pratiquer sur son territoire) et les fêtes et FESTINS, qui lui donnent l'occasion de faire étalage de sa fortune.

SERMENT

Prêter serment est un moment important dans la vie du chevalier.

La fidélité à la parole donnée est l'une des vertus qui caractérise la personnalité du chevalier. Ses engagements sont « à la vie, à la mort ». Que ce soit vis-à-vis de son SUZERAIN ou de sa dame de cœur, le chevalier est tenu à sa parole. Dans sa vie, le chevalier prête serment à plusieurs reprises : lors de son ADOUBEMENT (cérémonie par laquelle il devient chevalier), lorsque son suzerain lui accorde un FIEF (une terre), lors de son admission dans un ordre de CHEVALERIE et lorsqu'il s'engage à porter les couleurs d'une dame dans les TOURNOIS.

SIÈGE

(VOIR LA SCÈNE D'ASSAUT PP. 110-111)

Le CHÂTEAU FORT est souvent une citadelle imprenable. Pour le conquérir, l'assaillant n'a pas le choix : il doit établir un siège afin d'isoler la forteresse de l'extérieur. Pour ce faire, il dispose ses troupes tout autour du château et l'attente commence. Privés d'eau et de nourriture, les assiégés doivent finir par se rendre et ouvrir les portes.
Hélas pour l'assaillant, certains châteaux possèdent des sources et de grandes réserves de denrées. Des sièges ont ainsi duré plusieurs années. Le siège d'un château fort est une épreuve de longue haleine qui fait beaucoup de morts, aussi est-il fréquent de donner l'ASSAUT.

Certains sièges ont frappé la mémoire et l'imagination, comme en témoigne la célèbre légende de Dame Carcas.

« Le saint empereur Charlemagne, ayant appris que la forte ville de Carcassonne était au pouvoir des Sarrasins, résolut de se rendre maître de la place. Le prince Balaach, le seigneur de la forteresse, rassembla ses chevaliers arabes et vint à la rencontre des chrétiens pour livrer bataille. Tous périrent !

La femme de Balaach, qui avait nom Carcas, se fit couvrir des armes de son mari et se mit à la tête des chevaliers qui restaient dans la citadelle. À compter de cette heure, Charlemagne n'eut pas toujours la victoire, le siège dura cinq ans... On se livra à de bien galantes batailles, on se donna de splendides tournois... C'était merveille ! Charlemagne admirait Dame Carcas. Le favori du bon empereur, le comte Oliban, ayant été balafré par elle, l'aimait d'un amour éperdu...

Un beau soir, la noble sarrasine rentra seule en la ville ; il ne lui restait plus un seul soldat. Carcas fit des hommes de paille et les posta sur les créneaux. Le lendemain, Dame Carcas, trouvant pour seules victuailles un pourceau et une hermine de blé, donna l'hermine de blé au pourceau et le précipita en bas des murs, où il s'ouvrit en long...

Pensant que la place était bien défendue et pleine de vivres, Charlemagne fit équiper son armée et leva le siège.

Le bon empereur se retirait lorsque le cor retentit. La place se rendait.

– Carcas sonne ! s'écria Oliban plein de joie.

109

SCÈNE D'ASSAUT

Un **ARBALÉTRIER**

MEURTRIÈRE EN CROIX PATTÉE

Les **ÉCHELLES D'ASSAUT** sont des engins légers. Il faut beaucoup d'audace pour les utiliser, car les défenseurs les repoussent avec des perches et les assaillants se brisent le dos.

Les défenseurs
du château lancent
du sable et toutes
sortes de produits
brûlants comme
la **POIX** ou le **SABLE**.

La lourde tour d'assaut
ou **BEFFROI** est
le meilleur moyen
d'atteindre le mur
d'enceinte. Les soldats
escaladent les échelles
à l'abri des flèches.

Un **BÉLIER**

La **TRUIE**
est un chariot recouvert
de peaux humides.
Elle sert à protéger
le bélier du feu.

Le **MANTELET**
abrite les assaillants
qui le déplacent
à leur guise autour
du château.

(suite SIÈGE)

– Voilà un mot joyeux, dit l'empereur, je veux qu'il soit désormais le nom de cette fière ville. Je te la donne, comte Oliban, et puisque tu es le parrain de la cité, je veux que tu sois le mari de sa dame : elle est digne d'être chrétienne et femme d'un gentilhomme. »

SURCOT

C'est un vêtement en fil léger, souvent coupé comme une chasuble, c'est-à-dire un grand rectangle de tissu troué en son milieu pour laisser passer la tête, et attaché de part et d'autre du corps.

Par-dessus sa COTTE DE MAILLES, le chevalier enfile un surcot. Celui-ci enlève un peu de son austérité au HAUBERT : petit à petit, il s'enrichit du BLASON et des ARMOIRIES du chevalier (ses signes distinctifs). Il devient alors la cotte d'armes. Lors des combats ou des TOURNOIS, il est désormais possible d'identifier le combattant. Certaines cottes d'armes sont très précieuses et peuvent être taillées dans de la soie.

SUZERAIN

Seigneur qui est au-dessus de tous les autres dans un territoire donné.

La société féodale (voir FÉODALITÉ) s'organise autour de la possession et de l'administration de la terre.
Dans un territoire donné, celui qui est au-dessus de tous les autres seigneurs s'appelle le suzerain. C'est lui qui attribue leurs FIEFS (terres) à ses vassaux. La cérémonie qui marque ce moment s'appelle la cérémonie d'investiture : le suzerain cède un fief au VASSAL et l'assure de sa protection. En échange, le vassal a un devoir d'aide (surtout militaire) et de conseil envers son seigneur. Au Moyen Âge, les domaines sont imbriqués. On peut être le suzerain dans son territoire, mais vassal dans un territoire plus grand. Ainsi le comte de Toulouse est le suzerain du seigneur d'Avignonnet, mais il est le vassal du roi de France qui lui a attribué son comté !

TABLE RONDE

(VOIR LES CHEVALIERS
DE LA TABLE RONDE PP. 8-9)

Table légendaire autour
de laquelle se réunissaient
les chevaliers bretons dans
la légende du roi ARTHUR.

Cette table aurait été offerte par
MERLIN L'ENCHANTEUR au roi
Arthur lors de son mariage avec
GUENIÈVRE. C'est la troisième
table ronde de l'histoire. La première est celle du dernier repas
de Jésus-Christ. C'est l'un de ses
disciples, Joseph d'Arimathie,
principal artisan de la conversion
des Bretons à la religion chrétienne, qui construit la deuxième
table ronde lors de son arrivée en
Grande-Bretagne. Il y dépose le
Saint-GRAAL.

On peut donner plusieurs inter-
prétations à sa forme ronde. Elle
rappelle notamment celle de la
Terre et la course des étoiles.
Mais le roi Arthur y voit aussi le
moyen de régler les problèmes de
préséance. Avec une table rectangulaire, les chevaliers à côté
de lui se seraient sentis plus
importants que ceux assis à l'extrémité de la table. Placés autour
de la Table ronde, ils sont à

Siège périlleux

égalité. Le nombre de ces chevaliers varie selon les récits entre
12 et 150. Les plus célèbres d'entre
eux sont LANCELOT DU LAC, PER-
CEVAL LE GALLOIS, Keu le Sénéchal, GAUVAIN et MORDRET.
Merlin annonce qu'à cette table
s'assiéra un chevalier parfait. On
lui réserve donc un siège de « très
grande dimension » à la droite
d'Arthur. C'est le « siège périlleux », appelé ainsi car, si celui qui
s'y assied n'est pas un cœur pur,
il est précipité au fond de l'abîme.
Aveuglé par l'ambition, Perceval
tente de s'y asseoir, mais, par

ce geste, provoque un véritable tremblement de terre. De grandes épreuves vont alors être proposées aux chevaliers pour déterminer le « vrai » chevalier. Arthur, sur le conseil de Merlin, demande à chaque chevalier de venir à son retour s'asseoir à la Table pour raconter la vérité sur ses aventures, que ce soit « pour sa gloire ou pour sa honte ». GALAAD, fils de Lancelot, est le vainqueur de l'épreuve.

TAILLE

Impôt direct prélevé par le SEIGNEUR sur les personnes. Son nom vient d'une petite bûchette en bois à laquelle on fait une entaille à chaque paiement.

La taille apparaît après 1050. C'est un impôt direct, levé par le seigneur une fois par an. Par cette taxe, le seigneur se paie de la protection qu'il fournit à toutes les personnes qui vivent sur son FIEF (sa terre). C'est lui qui en fixe le montant en fonction de la richesse de la personne imposée. C'est grâce à ces paiements que le chevalier peut continuer à mener sa vie de combattant. Cependant, les plus pauvres se cachent pour échapper aux agents chargés de faire le recensement dans les campagnes.

La taille est prélevée en monnaie. À partir du XIVe siècle, la taille devient un impôt royal.

TEMPLIERS

ORDRE DE CHEVALERIE datant des CROISADES.

Les premières croisades montrent que rien n'est possible sans soldats aguerris. Arrivés à bout de force, les premiers croisés se sont fait massacrer par les musulmans. C'est ce qui conduit à la création de l'ordre du Temple, au début du XIIe siècle. Les chevaliers qui entrent dans l'ordre font vœu de pauvreté, de chasteté et d'obéissance. Ils portent une croix rouge sur un vêtement blanc et s'engagent à protéger les PÈLERINS en route vers la Palestine.

Très vite, les Templiers deviennent les défenseurs les plus courageux, mais aussi les plus cruels, des royaumes chrétiens d'Orient. Ils ne demandent ni n'accordent aucune pitié. Les premiers arrivés, ils sont les derniers à partir de Terre sainte, en 1291.

Hélas pour eux, les Templiers deviennent vite impopulaires. En effet, ils organisent le pèlerinage de nombreux chrétiens et demandent pour cela beaucoup d'argent. De plus, ils prêtent des sommes importantes à ceux qui le désirent, mais se font rembourser avec des intérêts énormes.

Cette pratique leur crée beaucoup d'ennemis. À leur retour en Europe, le roi Philippe le Bel prononce la dissolution de l'ordre du Temple (en 1307). Les Templiers sont arrêtés et torturés. On les oblige à avouer des crimes qu'ils n'ont pas commis (adoration d'idoles diaboliques, sacrilèges contre la religion, sodomie). Ils sont alors condamnés, leurs chefs sont brûlés vifs, et le roi confisque tous leurs biens.

TEUTONIQUES

C'est un ordre religieux et militaire fondé en Terre sainte lors de la troisième croisade, en 1191.

Son nom complet est ordre des chevaliers Teutoniques de l'hôpital Sainte-Marie-de-Jérusalem.

À l'origine, il s'agit d'un simple hôpital créé par des bourgeois de Brême et de Lübeck (villes d'Allemagne) pendant le siège d'Acre (Palestine), en 1191. Transformé en ordre militaire en 1198, l'ordre des chevaliers Teutoniques est offi-

ciellement reconnu par le pape en 1199. Créé pour protéger les **PÈLE-RINS** allemands, l'ordre étend très vite sa protection à l'ensemble des chrétiens. Son organisation est la même que celle des **HOSPI-TALIERS** et des **TEMPLIERS**. Tous ses membres, nobles allemands, sont vêtus d'une cape blanche ornée d'une croix noire. La règle, édictée en 1244, hiérarchise les différents membres (frères chevaliers, prêtres et domestiques) et les place sous l'autorité d'un grand maître. Élu à vie, le grand maître est assisté de cinq dignitaires : le grand commandeur, le maréchal, le trésorier, l'hospitalier et un responsable de la garde-robe.

La période des croisades voit les teutoniques étendre leurs possessions autour de la Méditerranée et en Prusse (actuel nord de l'Allemagne) où leur influence dure jusqu'au XIXᵉ siècle.

Napoléon dissoudra l'ordre en 1809, car ils sont des opposants redoutables à l'avancée des troupes françaises vers l'est. Cependant, l'ordre survit à cette dissolution et il existe encore en Autriche. Il limite son action au domaine du religieux et de la charité.

TOURNOI

Spectacle de combats entre chevaliers.

Les premiers tournois datent de la fin du Xᵉ siècle. Bien que très mal vus par le pape et les rois d'Europe (beaucoup des meilleurs chevaliers y meurent), ils rencontrent un succès rapide. Simples compétitions au début, les tournois deviennent des événements très populaires dans la société médiévale.

Le tournoi se déroule aux abords du château d'un grand **SEIGNEUR**. Une forêt de tentes est dressée pour abriter chevaux, matériels, **PAGES**, **ÉCUYERS** et chevaliers. On installe des estrades et des tribunes au bord de la **LICE** où se déroulent les épreuves.

Des trompettes résonnent, les hérauts d'armes lisent le règlement de la compétition, décrivent le **BLASON** des concurrents et racontent leurs exploits.

Le tournoi proprement dit débute par une bataille entre chevaliers : c'est la mêlée. Les combattants se défient les uns les autres, forment des clans et se liguent contre les plus forts. C'est une épreuve très dangereuse. On y compte de nombreux blessés et même des morts. Un chevalier qui réussit à vaincre un adversaire en combat singulier (organisé après la mêlée) en devient le propriétaire. Il pourra lui confisquer ses armes, son **CHEVAL**, et exiger une forte somme d'argent pour le libérer. Sinon, il peut le tuer.

Le tournoi se poursuit par des **JOUTES** à la **LANCE**, à l'**ÉPÉE** ou à la **HACHE**. Seules les armes émoussées (moins dangereuses) sont autorisées. Cette compétition se déroule par élimination autour d'un décompte de points très précis. Le chevalier qui a battu le plus d'adversaires est déclaré vainqueur.

Il reçoit un trophée et une belle somme d'argent des mains de la dame du château.

TRÉBUCHET

Engin de guerre à bascule.

Le trébuchet est une machine de guerre du même type que le **MANGONNEAU**. Très lourd à transporter et de grande dimension (sa verge, longue poutre de bois, peut atteindre 12 m de long), il fonctionne grâce à un système de contrepoids placé à la base de la verge. À son autre extrémité, le projectile est placé dans une

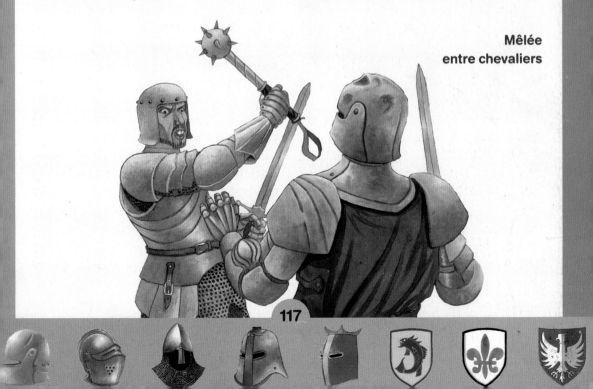

Mêlée entre chevaliers

117

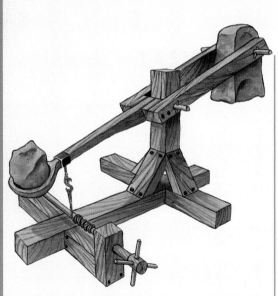

poche en cuir. Quand on libère la tête de la verge, le contrepoids descend, la poutre se dresse et propulse la pierre ou le boulet comme le ferait une fronde. Cet engin peut envoyer des boulets de 100 kg jusqu'à 200 m ! Son maniement demande 60 personnes. Pesant plus de 7 tonnes, il est transporté entièrement démonté sur les lieux de combat.

TROUBADOUR

De l'occitan *trobar*, qui signifie « trouver ». Le troubadour est le « trouveur », celui qui invente.

Au XIIe siècle, la société française s'apaise : moins de guerres, moins de combats, les habitudes et les mœurs deviennent plus raffinées. En temps de paix, les SEIGNEURS aiment recevoir des artistes à leur table. Sillonnant la France de château en château, le troubadour régale ceux qui l'écoutent de ses œuvres, mais aussi des nouvelles qu'il colporte. C'est un poète et un musicien. La poésie sans musique n'existant pas, il chante ses créations en s'accompagnant d'instruments à cordes comme la lyre, la harpe, la vielle à roue ou encore le psaltérion.

La poésie du Moyen Âge est une poésie amoureuse. La dame a de plus en plus d'importance dans la vie du chevalier. C'est pour elle qu'il participe à des tournois, qu'il combat, qu'il guerroie. C'est elle qu'il respecte, qu'il chérit, qu'il défendra jusqu'à la mort.

Le troubadour va chanter cet amour que l'on désigne sous le terme d'AMOUR COURTOIS.

Les troubadours sont occitans. Ils vivent dans les pays de langue d'oc, situés au sud de la Loire (de l'Aquitaine aux Alpes italiennes en passant par le Languedoc et la Provence). Ils ont des origines sociales très diverses : certains sont nobles, d'autres ROTURIERS.

Une lyre

TROUVÈRE

TROUBADOUR du nord de la France.

La France est coupée en deux. Au nord de la Loire se trouvent les provinces de langue d'oïl, au sud celles de langue d'oc. C'est au sud que la civilisation se développe avec le plus de raffinement, et c'est dans ces régions qu'on retrouve les poètes les plus représentatifs de cette époque. On pense qu'ils ont subi une forte influence de la civilisation arabe, toute proche à l'époque. Pourtant, au nord, et notamment en Flandre, en Picardie, en Normandie, des artistes fréquentent la cour des **SEIGNEURS**. Ce sont les trouvères qui, comme les *minnesingers* allemands, sont à la fois poètes et musiciens.

Le plus célèbre d'entre eux est Guillaume d'Aquitaine, un grand seigneur. Celui qui nous a laissé l'œuvre la plus importante s'appelle Bernard de Ventadour.

> « *Cours, messager : va trouver la plus belle dame et dis-lui la peine, le tourment, le martyre que j'endure.* »
>
> **Bernard de Ventadour (XIIe siècle)**

L'histoire des troubadours est liée à l'histoire de France. Les seigneurs du nord, plus rustres, plus barbares, envahissent les pays de langue d'oc au XIIIe siècle. Les grandes cours des princes du sud sont décimées. C'est la fin des troubadours.

> « *Ce n'est point merveille si j'aime Ce qui jamais ne me verra Seule peut faire mon bonheur Celle que je n'ai jamais vue Et j'en fais ma plus chère joie Sans savoir quel bien m'en viendra, a, a.* »
>
> **Jauffre Rudel (XIIe siècle)**

VASSAL

Du latin *vassus*, « le serviteur ».
Le vassal est un **SEIGNEUR**
personnellement lié à
son **SUZERAIN**.

L'étymologie du mot souligne bien la dimension de service qui caractérise la condition de vassal. Le vassal reçoit son **FIEF** (sa terre) de son suzerain lors de la cérémonie d'investiture.
En échange, il engage sa foi (sa fidélité) lors de la cérémonie de l'hommage. Agenouillé devant son seigneur, il prête serment de fidélité et d'obéissance. La cérémonie se conclut par un baiser sur la bouche. Plus tard, cette habitude sera remplacée par un baisemain. Quand un vassal est l'homme de plusieurs seigneurs, ce qui est souvent le cas, il prête un hommage-lige au seigneur prééminent, celui qui est le suzerain de tous les autres.
Les chevaliers sont toujours les vassaux d'un seigneur plus puissant qui leur accorde leur fief et pour qui ils combattent. Obtenir un fief est une chose importante dans la vie du chevalier. Le plus souvent, cet honneur lui est accordé contre le paiement d'une forte somme d'argent.

VÉNERIE

(VOIR LA SCÈNE DE CHASSE PP. 122-123)

C'est l'art de la chasse.

La chasse est, après le combat, l'activité la plus appréciée des **SEIGNEURS** et des chevaliers. Elle constitue l'un des moments forts de l'apprentissage du jeune **PAGE**. Au début, il doit apprendre à reconnaître les foulées (empreintes) et les fumets (déjections et excréments) laissés par les animaux. Il sert de rabatteur de gibier et apprend à se déplacer très rapidement dans les endroits les plus reculés de la forêt. Il est accompagné de chiens dont il s'occupe avec le garde-chien, employé du seigneur attaché aux soins de ces animaux. Il apprend également à dresser et à utiliser les faucons pour la chasse au petit gibier. Devenu adulte, il pourra exercer ses talents derrière les loutres, les renards, les chevreuils et les biches. L'animal le plus convoité est le sanglier, car c'est un rude combattant qui vend chèrement sa peau. Le tuer est un signe de bravoure et d'habileté.

La vénerie est à l'image des combats de ce temps, sauvage et sanguinaire. Les armes utilisées sont l'ARC, la LANCE et le poignard. La mort de la bête donne souvent lieu à un combat corps à corps entre l'homme et l'animal. Certains préfèrent laisser faire les chiens : c'est la curée.

La chasse est une distraction nécessaire. Le chevalier y exerce sa force, son courage, sa résistance à cheval, mais il fait aussi œuvre utile pour deux raisons : le gibier foisonne et il doit lutter pour protéger ses cultures et son bétail ; le gibier constitue une part importante de l'apport de viande au château.

SCÈNE DE CHASSE

Le fauconnier protège sa main grâce à un **GANT**, car les serres du faucon sont tranchantes comme l'acier.

Le **SEIGNEUR** est fier de son animal. Certains nobles vont à la messe avec !

Le **FAUCON** est un signe de richesse et de puissance. Le roi utilise des gerfauts ou des faucons sacres ; les nobles, des laniers ou des faucons pèlerins, les petits seigneurs, des hobereaux. Les autres se contentent d'éperviers ou d'autours.

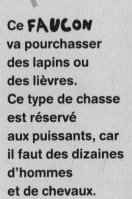

Ce **FAUCON**
va pourchasser
des lapins ou
des lièvres.
Ce type de chasse
est réservé
aux puissants, car
il faut des dizaines
d'hommes
et de chevaux.

Les oiseaux
de proie sont
extrêmement
craintifs.
On les coiffe
d'un **CHAPERON**
afin de les isoler
et de provoquer
un sommeil artificiel.
Dès qu'on ôte
son chaperon,
l'oiseau prend
son vol.

INDEX

BIBLIOGRAPHIE CONSEILLÉE

Les Chevaliers, **collectif d'auteurs,**
collection « Les héros du passé », Éditions du Pélican, Italie, 1986.

Forts et châteaux, **Brian Williams,**
collection « Entrez dans… », Éditions Gründ, 1994.

Ivanohé, **Walter Scott,** Hachette, 2002.

Quentin Durward, **Walter Scott,** L'École des Loisirs, 1979.

ET POUR LES RATS DE BIBLIOTHÈQUE :

La chanson de Roland,
Flammarion (bilingue), 1994.

Yvain, le Chevalier au Lion, Chrétien de Troyes,
Hachette, 2002.

Roman de Brut, **Wace, Klinscksieck,** 2002.

Perceval ou le Roman du Graal, **Chrétien de Troyes,**
Garnier Flammarion, 2003.

Lancelot ou le Chevalier de la charrette, **Chrétien de Troyes,**
Flammarion 2003.

Erec et Enide, **Chrétien de Troyes,** Flammarion 1994.

Les brumes d'Avalon, **Marion Zimmer Bradley,**
Garnier Flammarion, 1989.

Les Dames du Lac, **Marion Zimmer Bradley,**
Garnier Flammarion, 1998.

L'Enchanteur, **René Barjavel,** Gallimard, 1987.

Crédits photographiques

PP.8-9, *L'Estoire de Saint-Graal*, de Robert de Boron,
Paris, Bibliothèque Nationale, ph © AKG Paris

P.15, *Armoiries de René IER d'Anjou le Bon*, duc de Bar (1409-1480),
ph © British Library / AKG Paris

P.25, *Bayard au pont de Garigliano*, ph collection Kharbine-Tapabor

PP.68-69, *Maugis et Orlande dans un jardin*, in Brucies, Renaud de Montauban,
ph © collection Kharbine-Tapabor

P.77, *Jeanne d'Arc pendant le siège de Paris*,
ph © collection Kharbine-Tapabor

P.82, *Krak des Chevaliers*, ph © Jean-Louis Nou / AKG Paris

PP.96-97, *Adoubement*, in Traité de la forme et devis comme on fait les tournois,
René d'Anjou, Paris, Bibliothèque Nationale,
ph © VISIOARS / AKG Paris

P.105, *La mort de Roland à Roncevaux*,
Paris, Bibliothèque Nationale, ph © AKG Paris

Remerciements
à Judith Sarfati pour son aide précieuse et sa patience infinie...
Daniel Royo

Conforme à la loi n°49 956 du 16 juillet 1949
sur les publications destinées à la jeunesse

Tous droits réservés
Réimprimé en décembre 2004 par Canale (Italie).
Dépôt légal : avril 2004
ISBN : 2-7324-3095-1